Imaginação e
criatividade na infância

L. S. Vigotski

Imaginação e criatividade na infância

Tradução do russo e Introdução João Pedro Fróis
Revisão técnica e da tradução Solange Affeche

Esta obra foi publicada originalmente em russo com o título
VOOBRAJENIE I TVORCHESTVO V DETSKOM VOZRASTE.
PSIKHOLOGICHESKII OCHERK: KNIGA DLIA UCHITELIA.

Copyright © 2014, Editora WMF Martins Fontes Ltda.,
São Paulo, para a presente edição.

1ª edição 2014
5ª tiragem 2023

Tradução
João Pedro Fróis
Revisão técnica e da tradução
Solange Affeche
Acompanhamento editorial
Luzia Aparecida dos Santos
Revisões
Solange Martins
Letícia Castello Branco Braun
Edição de arte
Katia Harumi Terasaka
Produção gráfica
Geraldo Alves
Paginação
Moacir Katsumi Matsusaki
Capa
Projeto gráfico *Marcos Lisboa*

Dados Internacionais de Catalogação na Publicação (CIP)
(Câmara Brasileira do Livro, SP, Brasil)

Vigotski, L. S., 1896-1934.
    Imaginação e criatividade na infância / L. S. Vigotski ; tradução João Pedro Fróis ; revisão técnica e da tradução Solange Affeche. – São Paulo : Editora WMF Martins Fontes, 2014. (Textos de psicologia)

    Título original: *Voobrajenie i tvorchestvo v detskom vozraste.*
Psikhologicheskii ocherk: kniga dlia uchitelia.
    ISBN 978-85-7827-827-4

    1. Aprendizagem 2. Criatividade 3. Imaginação. Infância 5. Psicologia educacional I. Fróis, João Pedro. II. Affeche, Solange. III. Título.

14-02059   CDD-370.157

Índices para catálogo sistemático:
    1. Imaginação e criatividade : Psicologia educacional   370.157

Todos os direitos desta edição reservados à
Editora WMF Martins Fontes Ltda.
Rua Prof. Laerte Ramos de Carvalho, 133 01325-030 São Paulo SP Brasil
Tel. (11) 3293-8150 e-mail: info@wmfmartinsfontes.com.br
http://www.wmfmartinsfontes.com.br

Índice

Introdução, VII

Capítulo 1 | Criatividade e imaginação, 1

Capítulo 2 | Imaginação e realidade, 9

Capítulo 3 | O mecanismo da imaginação criativa, 25

Capítulo 4 | A imaginação da criança e do adolescente, 35

Capítulo 5 | "Os tormentos da criação", 45

Capítulo 6 | A criatividade literária na idade escolar, 51

Capítulo 7 | A criatividade teatral na idade escolar, 87

Capítulo 8 | O desenho na infância, 95

Apêndice, 113
Bibliografia, 123
Índice onomástico, 127

Introdução

> R. Rieber – *What is a theory and what is it for?*
> L. Vygotsky – It is a plan or a set of guiding principles that provide an explanation about human intentions.
> R. – I see, but where does the theory come from?
> V. – Oh, you mean what causes you to theorize? That's a rather complicated issue, but let's makes one thing clear from the start. You're not born with a theory, and didn't come out of the head of Zeus.
> R. – *You created it yourself, is that it?*
> V. – Not exactly. Let me put it to you this way; you build on ideas that are already out there, and you construct them so that they will facilitate your ability to discover the answers to the questions that you are interested in.
> [...]
>
> A Dialog with Vygotsky, Robert Rieber, 2004

O interesse de Lev Vigotski (1899-1934) pela psicologia da arte, pela estética teatral e pela educação estética acompanhou seu breve e intenso percurso científico. A importância que atribuiu à psicologia da criação e da fruição artísticas foi afirmada, pela primeira vez, no livro *Psicologia da arte* (1925), estudo apresentado com vistas à titulação como investigador do Instituto de Psicologia de Moscou. No ano seguinte, publicou a *Psicologia pedagógica*, onde incluiu um capítulo sobre Educação Estética. Em 1927--1928, foram publicados dois artigos na revista *Arte Soviética* sob o título "Psicologia contemporânea e arte".

O livro *Imaginação e criatividade na infância* – *Ensaio psicológico* e mais dois textos: "Imaginação e o seu desenvolvimento na infância" e "Imaginação e criatividade do adolescente" que integram as *Obras completas* foram escritos em 1930[1]. Como encerramento desse ciclo sobre a psicologia, a estética e a pedagogia da criatividade, publicou, em 1932, um importante texto – "Sobre o problema da psicologia da criatividade do ator".

Imaginação e criatividade na infância é uma obra de referência da psicologia da criatividade[2]. O ensaio está organizado em oito pequenos capítulos. Nos primeiros cinco capítulos, o autor examina os conceitos de imaginação e de criatividade, a partir das contribuições teóricas de Pavel Blonsky (1884-1941) no campo da linguagem, Anatoli Bakushinsky (1883-1939) e Georg Kerschensteiner (1854-1932) na área do desenho infantil, Theo-

---

[1] As *Obras completas de Lev Vigotski* foram editadas na URSS entre 1982 e 1984. O primeiro texto integra o vol. I (1982) e o segundo, o vol. II (1984). Em "Imaginação e o seu desenvolvimento na infância", Vigotski distancia-se de Wilhelm Wundt (1832-1920) e recusa entender a imaginação apenas como um tipo de combinatória de impressões, *puzzle* irresolúvel, preexistentes na consciência. Em "Imaginação e criatividade do adolescente" trata a criatividade e a imaginação a partir de um enfoque da psicopatologia. Elabora teoricamente sobre as imagens eidéticas; define a imaginação concreta em oposição à imaginação abstrata na adolescência, refere-se à formação de conceitos visuais, compara a imaginação na infância e na adolescência e apresenta a imaginação criativa como uma atividade de fusão entre cognição (pensamento) e emoção.
[2] Gunila Lindkvist (2003), Natália Gajdamaschko (1999, 2005), Valeria Mukhina (1981) e Iurii Poluianov (2000) têm desenvolvido a interpretação de Lev Vigotski sobre a imaginação criativa em várias modalidades expressivas (Hakkarainen, 2004). Outras edições surgiram em língua russa, respectivamente em 1967, 1991 e 2004 (Vygotskaya & Lifanova, 1996; Hakkarainen, 2004). A edição de 2004 foi incluída na coletânea de textos de L. Vigotski intitulada *Psicologia do desenvolvimento da criança*, editada pela Eksmo e que serve à presente tradução. Por se tratar de um ensaio de divulgação científica, segundo Vassily Davidov (1991) e Pentti Hakkarainen (2004), esse texto não integrou as *Obras completas* (1982-1984). São conhecidas várias traduções: japonês (1972), italiano (1973), espanhol (1982), sueco (1995) e inglês (2004).

dule Ribot (1839-1916) na psicologia da imaginação criadora e Lev Tolstói (1828-1910) na pedagogia da escrita criativa, tão do agrado desse escritor.

Lev Vigotski apresenta neste ensaio um "estado da arte" a partir de uma análise psicológica e pedagógica; define conceitos, esclarece alguns mitos e apresenta linhas inspiradoras para a investigação futura, com utilização de exemplos de modalidades expressivas que as crianças apreciam: o drama, o desenho, a leitura e a escrita criativa. Todos esses modos de expressão, que a criança no seu desenvolvimento elabora e a escola promove, potenciam as funções psicológicas superiores e têm um natural significado na educação da criança.

Nos últimos três capítulos apresenta exemplos concretos a partir de três modalidades expressivas: a escrita, a dramatização e o desenho. As conclusões e as exemplificações que usa interessam aos destinatários originais deste ensaio – pedagogos e psicólogos.

Não se pretende produzir, no espaço desta introdução, uma análise exaustiva sobre a imaginação e a criatividade no âmbito da *Psicologia histórico-cultural* de Lev Vigotski. Põem-se em relevo cinco domínios que o autor problematiza neste texto: problematização da relação entre a imaginação e a criatividade; definição dos limites da relação entre a imaginação e a realidade; clarificação de alguns dos mecanismos psicológicos de encadeamento entre a imaginação e a criatividade; comparação da imaginação criativa na criança e no adolescente; e por último, dos tormentos e inquietação pelos quais os indivíduos passam na concreção da imaginação.

No primeiro domínio, a imaginação e a criatividade articulam-se com a experiência individual. No seu sentido lato, a imaginação e a criatividade estão em qualquer dos âmbitos da vida dos indivíduos: nos mundos da cultura, artes, técnica e ciência. A imaginação é, pela sua natureza, antecipatória, porque possibilita ir além do apreendido diretamente. Nesse sentido a plasticidade cerebral e a memória orgânica são fatores decisivos dos nexos entre a capacidade imaginativa da criatividade e sua "antevisão das coisas".

Na imaginação distinguem-se duas direções: a imaginação reprodutiva ligada à memória e a imaginação criativa que ultrapassa a própria memória. Na infância encontramos a alternância de uma e outra forma de imaginação concomitantemente ao desenvolvimento intelectual, estruturada a partir das relações entre quantidade e qualidade das imagens mentais. Essa alternância, raiz comum da expressão artística da criança, é, para Vigotski, evidenciada na percepção sincrética do mundo que tanto fascina o "adulto atento" ao desenvolvimento das crianças. Esse tipo de sincretismo, o jogo e a atividade lúdica têm papel preparatório para o desenvolvimento do pensamento analítico, permanecendo ao longo da vida com o indivíduo. De fato, o jogo é a primeira atividade em que a imaginação criativa surge, de início, orientada pela percepção, a memória sensorial e o pensamento visual, depois, mediada simbolicamente.

Para Vigotski a atividade criativa é realização humana, geradora do novo, quer se trate dos reflexos de algum objeto do mundo exterior ou de determinadas elaborações do cérebro e do sentir, que vivem e se manifestam apenas no próprio ser humano. A imaginação, fundamento da atividade criativa, revela-se, de modo claro, em todos os aspectos da vida cultural. Ela é a abertura à criação artística, científica e técnica. A cultura, a técnica e a ciência são, nesse sentido, produtos da imaginação e da criatividade: "toda descoberta grande ou pequena antes de se concretizar e de se consolidar esteve unida na imaginação como uma estrutura mental mediante novas combinações ou correlações". O outro aspecto importante para Vigotski reside em que a criatividade tem uma origem social, veiculada através da atividade de troca simbólica entre os indivíduos, palavras ou através do contato com uma "pintura" ou da leitura de um texto literário; é historicamente determinada e faz parte de um sistema de significados mais complexo que se modifica ao longo dos estádios de desenvolvimento humano[3].

Um dos aspectos que deve ser sublinhado diz respeito ao princípio criativo inerente ao desenvolvimento humano: ele é comum a todos os seres, é o fulcro da vida das pessoas. Com alguma frequência reconhece-se que a atividade dos poetas e dos cientistas é "naturalmente" criativa, no entanto, temos dificuldade em assumir o mesmo na atividade do "homem comum". Vigotski enfatiza a transversalidade do processo criativo aos vários grupos. Ao considerarmos a criatividade desse modo, encontramo-la nessa situação na infância e noutros períodos da vida; mas avisa que as formas de criatividade mais elaboradas, específicas, se encontram presentes apenas em grupos restritos de indivíduos e são reveladas precocemente.

O segundo domínio respeita às características, ao tipo e à qualidade das conexões criadas entre a imaginação e a realidade. Qualquer imagem mental, por mais fantástica que seja, encerra sinais da realidade externa. Os traços da imaginação fundam-se nas experiências precoces do homem: a primeira forma de ligação entre a imaginação e a realidade faz-se a partir das primeiras experiências do sujeito com o "outro". É nesse espaço entre a realidade interna e a externa, espaço potencial de desenvolvimento, que a imaginação tem lugar. A segunda forma de ligação entre a imaginação e a realidade corporiza-se no produto final da imagi-

---

[3] Lev Vigotski discordou de Jean Piaget (1896-1980). Para Piaget, a imaginação simbólica regulava-se por uma disposição emocional, egocêntrica, orientada pelo imediato desejo de concretização e prazer (Gajdamaschko, 2005).

nação com os elementos complexos da realidade. O quadro que se organiza na nossa mente sobre um acontecimento qualquer, do qual não participamos, resulta do trabalho da nossa imaginação. A imaginação (*imaginatio*) é, para Vigotski, uma cognição sensível, uma capacidade para a reprodução de impressões sensoriais, como Alexander Baumgarten (1714-1762) a definiu. A terceira forma de ligação entre a imaginação e a realidade é a emocional – "os psicólogos há muito notaram que cada sentimento tem não apenas uma expressão exterior corpórea, mas também interior, que se mostra na escolha dos pensamentos, das imagens e impressões".

A maior parte das imagens produzidas pela imaginação, quaisquer que sejam, realizadas nos textos literários, nas obras artísticas, está, de fato, contaminada e contamina através dessa lei psicológica da realidade emocional que o autor formula neste texto. Por último, a quarta forma de ligação entre a imaginação e a realidade enfatiza que a primeira pode criar o novo, sem nenhuma correspondência com a realidade, levando à formulação da pergunta: para que serve afinal a obra artística?

O terceiro domínio que o autor propõe respeita à descrição do mecanismo psicológico da imaginação criativa. Ela integra as características singulares do objeto, suas modificações, por exemplo, o exagero ou a subestimação das situações e dos elementos do texto – a ligação de elementos imutáveis em novas imagens totais, a sistematização dessas imagens, as associações e as dissociações das impressões através da percepção, a sua cristalização e corporização – "a paixão das crianças pelo exagero, tal como a dos adultos, tem fundamentos internos [psicológicos] muito profundos" – que ora enfatizam, ora minimizam as necessidades e aspirações de cada um de nós, alimentam-nos cognitiva e emocionalmente.

O quarto domínio caracterizador da problemática da imaginação criativa diz respeito à relação entre a experiência e a criatividade na criança e no adolescente. Nesse âmbito, propõe uma separação entre a imaginação plástica, que usa as impressões externas, e a imaginação emocional, que elabora a partir do próprio sujeito. Esclarecemos que – "a imaginação da criança não é mais pobre nem mais rica do que a do [adolescente] ou do homem adulto", refere Vigotski – ela é desenvolvida ao longo do processo do crescimento até atingir certo tipo de maturidade, fato que deve, a todo momento, estar presente na mente dos educadores.

Por último Vigotski fala da "angústia" que, quase sempre, advém do ato de criação. Nem sempre o impulso para criar vai ao encontro da capacidade exigida para a criação e, nesse processo, há um sofrimento, quase sempre sentido e consciente, inerente à tentativa de consecução das imagens produzidas pela imaginação e sua urgência de materialização – "Não existe no mundo tormento mais intenso do que o tormento da palavra; em vão, às vezes, sai da boca um grito louco: inutilmente, por vezes, a nossa pobre língua pronta para queimar o amor frio e miserável", disse Fiodor Dostoiévski.

Neste ensaio, o desenvolvimento teórico sobre a imaginação e a criatividade foi organizado como um dos fundamentos da pedagogia da imaginação criativa. Em todos os capítulos relacionam-se a teorização sobre a imaginação e a criatividade com os exemplos das aprendizagens na área da escrita criativa da expressão dramática e do desenho. Para Vigotski a pedagogia da criatividade não pode ser reduzida à atividade educativa supletiva ou a qualquer moralidade, como sugerido por alguns; ou à expressão catártica, que perpassa nos discursos daqueles que aparentemente desejam a sua presença na escola. A pedagogia da criatividade é uma possibilidade real para o desenvolvimento cognitivo e emocional dos indivíduos.

No diálogo imaginário com o qual abrimos esta introdução, Lev Vigotski "responde" a Robert Rieber – que uma teoria é sempre uma construção de ideias que se dispõem para nós. Foi assim que partiu à descoberta de respostas sobre um dos seus interesses maiores: a imaginação como um impulso real da criatividade. É este o desafio proposto neste ensaio.

Lisboa, julho, 2008

João Pedro Fróis

Bibliografia

DAVYDOV, V. V. (1991/1930). Posfácio, in Lev Vygotsky, *Tvorchestvo e voobrajenie. Psikhologicheskii ocherk: Kniga dlia uchitelia* [*Criatividade e imaginação na infância, Ensaio psicológico – Livro para professores*] (3ª edição), Moskva: Rabotnik Prosvecheniya.

GAJDAMASCHKO, N. (1999). "Lev Semeonovitch Vygotsky". *In* Mark Runco (Ed.) *Enciclopedia of Creativity*, New York: Academic Press, pp. 619-697.

GAJDAMASCHKO, N. (2005). "Vygotsky on imagination: Why an understanding of the imagination is an important issue for schoolteachers". *Teaching Education*, 16 (1), pp. 13-22.

HAKKARAINEN, P. (2004). "Editor's Introduction. In Imagination and creativity in Childhood", in *Journal of Russian and East European Psychology*, 42 (1), pp. 3-6.

LINDQVIST, G. (2003). "Vygotsky's theory of creativity". *Creativity Research Journal*, 15 (2/3), pp. 245-251.

MUKHINA, V. S. (1981). *Izobrazitelnaia deiatelnost rebenka kak forma usvoeniia sotsialnogo opyta* [*A expressão plástica das crianças como forma de assimilação da experiência social*]. Moskva: Pedagogika.

POLUIANOV, Iu. (2000). *Diagnostika obshhego i khudozhestbennogo razvitiia detei po ikh risunkam* [*Diagnóstico do desenvolvimento artístico das crianças a partir dos seus desenhos*]. Riga: Eksperiment.

RIEBER, R., Robinson, D. (2004). *The Essential Vygotsky*. New York: Springer.

VYGOTSKAYA, G., Lifanova, T. (1996). *Lev S. Vygotsky: jizn, deiatelnost, shtrikhi k portretu* [*Lev S. Vygotsky: vida, obra, esboços para um retrato*]. Moskva: Smysl.

VYGOTSKY, L. S. (1926/1999). *Pedagogicheskaya psikhologiya* [*Psicologia Educacional*]. Moskva, Rabotnik Prosveshcheniya.

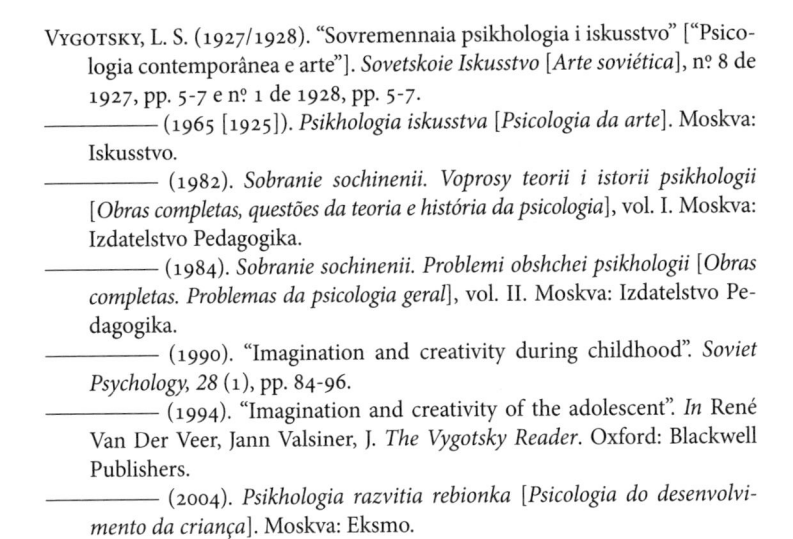

VYGOTSKY, L. S. (1927/1928). "Sovremennaia psikhologia i iskusstvo" ["Psicologia contemporânea e arte"]. *Sovetskoie Iskusstvo* [*Arte soviética*], n? 8 de 1927, pp. 5-7 e n? 1 de 1928, pp. 5-7.

―――――― (1965 [1925]). *Psikhologia iskusstva* [*Psicologia da arte*]. Moskva: Iskusstvo.

―――――― (1982). *Sobranie sochinenii. Voprosy teorii i istorii psikhologii* [*Obras completas, questões da teoria e história da psicologia*], vol. I. Moskva: Izdatelstvo Pedagogika.

―――――― (1984). *Sobranie sochinenii. Problemi obshchei psikhologii* [*Obras completas. Problemas da psicologia geral*], vol. II. Moskva: Izdatelstvo Pedagogika.

―――――― (1990). "Imagination and creativity during childhood". *Soviet Psychology, 28* (1), pp. 84-96.

―――――― (1994). "Imagination and creativity of the adolescent". In René Van Der Veer, Jann Valsiner, J. *The Vygotsky Reader*. Oxford: Blackwell Publishers.

―――――― (2004). *Psikhologia razvitia rebionka* [*Psicologia do desenvolvimento da criança*]. Moskva: Eksmo.

Capítulo 1

Criatividade e imaginação

Chamamos atividade criativa a atividade humana criadora de algo novo, seja ela uma representação de um objeto do mundo exterior, seja uma construção da mente ou do sentimento característicos do ser humano. Se observarmos o comportamento humano e toda a atividade que desenvolve, perceberemos que podem-se distinguir facilmente dois tipos básicos de ação. O primeiro, podemos chamar de reprodutivo ou reprodutor, o qual está fortemente relacionado com a nossa memória; sua essência consiste no fato de o homem reproduzir ou repetir normas de comportamento anteriormente criadas e elaboradas, ou relembrar impressões passadas. Quando me lembro da casa onde vivi na minha infância, ou de países distantes que visitei, estou reproduzindo os traços daquelas impressões vividas na infância ou durante as viagens. Do mesmo modo, quando desenho a partir de observações da natureza, escrevo ou faço qualquer coisa segundo um modelo, em todas essas situações reproduzo apenas o que está diante de mim, ou o que foi por mim anteriormente assimilado e elaborado. Em todos esses casos o que há de comum é que a minha atividade não cria nada de novo, limitando-se fundamentalmente a repetir com maior ou menor precisão alguma coisa já existente.

É fácil compreender a grande importância que tem para a vida humana a conservação da sua experiência anterior, na medida em que isso facilita a sua adaptação ao meio exterior, criando e estimulando hábitos permanentes que se repetem nas mesmas circunstâncias.

O substrato fisiológico dessa atividade reprodutora ou da formação da memória é a plasticidade de nosso sistema nervoso, entendendo-se por plasticidade a propriedade de adaptação e conservação dessa alteração adquirida. Assim, podemos dizer que a cera é mais plástica do que a água, ou do que o ferro, porque se adapta mais facilmente a transformações do que o ferro e conserva melhor do que a água os traços das suas modificações. Somente as duas propriedades, em conjunto, geram a plasticidade de nosso sistema nervoso. O nosso cérebro e os nossos nervos, providos de uma enorme plasticidade, modificam com facilidade sua estrutura delicada sob a influência de pressões diversas, conservando as marcas dessas alterações se as pressões forem suficientemente fortes, ou se se repetirem com uma frequência razoável. No cérebro ocorre algo semelhante ao que acontece com uma folha de papel quando a dobramos ao meio; no lugar da dobra fica uma marca que é o resultado da modificação produzida; a marca da dobra ajudará na repetição dessa mesma modificação no futuro. Basta soltarmos a folha para que ela dobre no mesmo lugar onde ficou essa marca.

O mesmo acontece com a marca deixada pela roda na terra mole: forma-se um caminho que fixa as modificações efetuadas pela roda ao passar na terra e que facilitará futuramente a passagem por esse mesmo lugar. Isso também ocorre com o nosso cérebro, em que as excitações fortes ou repetidas com frequência deixam marcas semelhantes.

Desse modo, o nosso cérebro constitui-se em um órgão que preserva nossas experiências já vividas e facilita a sua repetição. No entanto, se a atividade cerebral se reduzisse apenas à conservação das experiências passadas, o homem seria uma criatura capaz de se adaptar, com preponderância, somente às condições constantes e habituais do meio exterior. Quaisquer transformações novas e inesperadas no meio ambiente que não tivessem sido vivenciadas anteriormente pelo homem como uma experiência, por sua vez, não seriam capazes de desencadear uma resposta adaptativa. Assim, juntamente com essa função de preservação de experiências passadas, o cérebro possui outra função não menos importante.

Além da atividade reprodutora, é fácil descobrir no homem outro tipo de atividade, a que combina e cria. Quando imaginamos alguma projeção do futuro, como, por exemplo, a vida humana em uma sociedade socialista, ou quando pensamos em fatos muito antigos da vida humana e da luta do homem pré-histórico, não nos limitamos à reprodução de impressões vividas por nós mesmos. Não nos limitamos à lembrança de estímulos passados que causaram impressões em nosso cérebro, pois não conhecemos esses eventos do passado nem os do futuro e, ainda assim, podemos formar uma ideia, uma imagem.

Toda a atividade humana que não se restringe à reprodução de fatos e impressões vividas, mas que cria novas imagens e ações, pertence a essa segunda função criadora ou combinatória. O cérebro não é apenas um órgão que se limita a conservar ou reproduzir nossas experiências passadas, mas é também um órgão combinatório, criador, capaz de reelaborar e criar, a partir de elementos de experiências passadas, novos princípios e abordagens. Se a atividade humana se reduzisse apenas à repetição do passado, então o homem seria um ser voltado somente para o passado e incapaz de se adaptar ao futuro. É justamente a atividade criadora humana que faz do homem um ser que se projeta para o futuro, um ser que cria e modifica o seu presente.

A psicologia chama de imaginação ou fantasia essa atividade criadora do cérebro humano baseada nas capacidades combinatórias, atribuindo a elas um sentido diferente daquele que lhe é atribuído cientificamente. Na sua concepção comum, a imaginação ou a fantasia designam aquilo que é irreal, o que não corresponde à realidade e, portanto, sem nenhum valor prático. No entanto, a imaginação como fundamento de toda a atividade criadora manifesta-se igualmente em todos os aspectos da vida cultural, possibilitando a criação artística, científica e tecnológica. Nesse sentido, absolutamente tudo o que nos rodeia e que foi criado pela mão do homem, todo o universo cultural, ao contrário do universo natural, é produto da imaginação e criação humanas.

"Todas as descobertas", diz Ribot, "grandes ou pequenas, antes de se realizarem na prática e se consolidarem, estiveram ligadas à imaginação como uma estrutura elaborada pela mente através de novas combinações ou correlações."

Não sabemos quem realizou a maior parte das invenções; preservaram-se apenas alguns dos nomes dos grandes inventores. A imaginação, certamente, está sempre presente qualquer que seja o modo como ela se apresente: em pessoas isoladamente ou na coletividade. Para que o arado, que inicialmente não era mais de que um simples pedaço de madeira com a ponta trabalhada no fogo, se transformasse, desse tão simples instrumento manual, no que ele é hoje, após uma série de transformações descritas em manuais especializados, quem sabe quanta imaginação foi despendida para isso? Da mesma forma a débil chama de um fragmento de madeira, uma tocha primitiva, conduz-nos através de uma longa série de invenções até a iluminação a gás ou a iluminação elétrica. Todos os objetos do nosso cotidiano, incluindo os mais simples e habituais, são, por assim dizer, imaginação cristalizada.

Disso se depreende facilmente que a nossa representação habitual da criatividade não corresponde plenamente ao sentido científico dessa palavra. No sentido vulgar da palavra, a criatividade é privilégio de pessoas seletas, gênios, talentos, autores de grandes obras de arte, de grandes descobertas científicas ou de importantes aperfeiçoamentos tecnológicos. Reconhecemos e admitimos com facilidade a criatividade presente na obra de Tolstói, de Edison e Darwin, mas tendemos a pensar que a criatividade não existe na vida do homem comum.

No entanto, como já dissemos, esse tipo de concepção sobre o assunto é errônea. Um grande sábio russo dizia que assim como a eletricidade atua e se manifesta, não apenas no local onde ocorre uma grandiosa tempestade, ou na luminosidade dos relâmpagos ofuscantes, mas também na lâmpada da lanterna de bolso, assim também existe de fato criatividade não só quando se criam grandiosas obras históricas, mas, também, sempre que o homem imagina, combina, altera e cria algo novo, mesmo que possa parecer insignificante quando comparado às realizações dos grandes gênios. Se considerarmos, ainda, a existência da criatividade coletiva, que reúne todas essas contribuições por si só insignificantes da criação individual, compreenderemos que grande parte de toda a criação humana corresponde precisamente à criação coletiva anônima de inventores anônimos.

Desconhece-se o nome dos autores da grande maioria das descobertas, como salientou Ribot, e a compreensão científica dessa questão nos faz encarar a criatividade como uma regra mais do que como uma exceção. Certamente as manifestações superiores da criatividade são atualmente acessíveis a apenas alguns grandes gênios da humanidade, mas na vida cotidiana existem todas as condições necessárias para criar, e tudo o que ultrapassa os limites da rotina, mesmo que tenha somente uma pequeníssima parcela de novidade, deve-se ao processo criativo humano.

Se compreendermos a criatividade desse modo, então é fácil notar que os processos criativos se observam em toda a sua intensidade já na infância precoce. Uma das questões mais importantes da psicologia e da pedagogia infantil é a capacidade de criação nas crianças, do estímulo dessa capacidade e a sua importância para o desenvolvimento geral e a maturação da criança. Na primeira infância encontramos processos criativos que se manifestam sobretudo nas brincadeiras. O menino que cavalga num cabo de vassoura imagina que monta um cavalo, a menina que brinca com a boneca imagina-se sua mãe, a criança que no jogo se transforma em ladrão, em soldado ou em marinheiro, todas essas crianças que brincam são exemplos do mais autêntico e verdadeiro processo criativo. É evidente que, nos seus jogos, as crianças reproduzem muito do que veem, mas sabemos qual a importância do papel desempenhado pela imitação na atividade lúdica. Os jogos geralmente são apenas reflexos daquilo que a criança viu e ouviu dos mais velhos, no entanto, esses elementos da experiência alheia nunca se reproduzem na brincadeira do mesmo modo como na realidade se apresentaram. Os jogos da criança não são uma simples recordação de experiências vividas, mas uma reelaboração criativa dessas experiências, combinando-as e construindo novas realidades segundo seus interesses e necessidades. A vontade das crianças de fantasiar as coisas é resultado da sua atividade imaginativa, tal como acontece na sua atividade lúdica.

Conta Ribot que, quando um menino de três anos e meio viu um homem manco na rua, disse à mãe: "Veja, mamãe, que perna tem este pobre homem!"

Depois começou a romancear o que viu: "Ele montava um cavalo muito alto, caiu de cima de um penhasco enorme e quebrou o pé; precisamos encontrar um remédio para curá-lo."

Nesse caso, a atividade combinatória da imaginação é extraordinariamente evidente. Temos diante de nós uma situação criada pela própria criança. Todos os elementos dessa situação são conhecidos da criança por sua experiência anterior, de outro modo, ela não poderia ter criado tal situação; todavia a combinação desses elementos constitui algo de novo, resulta da atividade criativa que pertence à criança e não é mera reprodução daquilo que ela teve oportunidade de observar ou de ver. A capacidade de elaboração e construção a partir de elementos, de fazer novas combinações com elementos conhecidos, constitui o fundamento do processo criativo.

Com toda razão, muitos autores afirmam que as raízes de tal combinação criativa podem ser observadas nas brincadeiras de alguns animais. Os jogos dos animais são também, com frequência, resultado da imaginação dinâmica, no entanto tais rudimentos da imaginação nos animais não resultaram, dadas as condições da sua existência, em um desenvolvimento consistente e estável, e só o homem desenvolveu essa forma de atividade no nível que nele hoje se apresenta.

Capítulo 2

Imaginação e realidade

Cabe-nos, no entanto, perguntar: como é produzida essa atividade criativa combinatória? De onde surge, a que está condicionada e a que tipo de leis se subordina em seu desenvolvimento? A análise psicológica dessa atividade destaca sua enorme complexidade. Ela não surge de repente, mas lenta e gradualmente, desenvolvendo-se a partir de formas elementares e simples para outras mais complexas e, em cada etapa etária do desenvolvimento, detém uma expressão particular, em cada período da infância há uma forma própria de criatividade. Posteriormente, essa atividade não se compartimentaliza nas condutas humanas, mas se mantém na dependência imediata de outras formas de nossa atividade e, em particular, de nossa experiência acumulada.

Para compreendermos mais profundamente o mecanismo psicológico da imaginação e da atividade criativa à qual está relacionada, convém começar explicando a vinculação que existe entre a fantasia e a realidade no comportamento humano. Já tínhamos chamado a atenção para a ideia errônea do senso comum, que estabelece uma fronteira intransponível entre a realidade e a fantasia. Abordaremos as quatro formas básicas que ligam a atividade imaginativa à realidade, pois a sua compreensão nos permitirá abordar a imaginação, não como um divertimento caprichoso do cérebro, algo que paira no ar, mas como uma função vitalmente necessária.

A primeira forma de vinculação da fantasia com a realidade consiste no fato de que qualquer ato imaginativo se compõe sempre de elementos tomados da realidade e extraídos da experiência humana pregressa. Seria um milagre se a imaginação pudesse criar algo do nada, ou se dispusesse de outras fontes de conhecimento que não a experiência passada. Só as representações religiosas ou míticas da natureza humana poderiam atribuir ao processo imaginativo uma origem sobrenatural, não vinculada à nossa experiência passada.

De acordo com essas concepções, os deuses ou os espíritos incutem nas pessoas os sonhos; nos poetas, a inspiração para as suas obras; ditam aos legisladores os dez mandamentos. A análise científica de algumas das mais fantásticas elaborações, desvinculadas da realidade, como, por exemplo, contos, mitos, lendas, sonhos, etc., convence-nos de que as fantasias mais elaboradas que representam não são outra coisa senão uma nova combinação de elementos semelhantes, retirados, de fato, da realidade e submetidos simplesmente a modificações ou a reelaborações pela nossa imaginação.

Cabanas (*izbá*) com patas de galinha não existem a não ser nos contos, mas os elementos integrantes dessa imagem legendária estão repletos de experiência humana e somente em sua combinação intervém a fantasia, e, assim, sua construção torna-a distante da realidade. Tomemos como exemplo a imagem de um mundo irreal como Pushkin o descreve:

"Na clareira do bosque, verdeja o carvalho apertado em dourada corrente que ronda o gato sábio de noite e de dia: puxa à direita, canta uma canção, puxa à esquerda, conta um conto: É um prodígio: ali brincam os elfos enquanto as sereias repousam em seus ramos; ali em veredas ocultas há pegadas de feras desconhecidas; ali ergue-se, sem portas nem janelas, a cabana sobre pés de galinha."[1]

Podemos seguir todo esse fragmento palavra por palavra e demonstrar que apenas a combinação dos elementos é fantasiosa nessa narração, mas que os elementos são tomados da realidade. O carvalho, a corrente dourada, o gato, a canção, tudo isso existe na realidade, e apenas a figura do gato sábio que anda pela corrente dourada e conta histórias, somente essa combinação dos elementos é fantasiosa. Com relação às imagens irreais, que aparecem depois, como o elfo e a sereia, a cabana assentada em pés de galinha, elas representam simplesmente uma combinação complexa de elementos que sugerem a realidade. Na imagem da sereia, por exemplo, encontra-se a representação da mulher com a imagem do pássaro que pousa nos ramos das árvores; na cabana encantada, a imagem dos pés de galinha se mistura com a representação de uma cabana, etc.

Desse modo, a fantasia se constrói sempre a partir dos materiais captados do mundo real. De fato, como se pode ver a partir do trecho citado, a imaginação pode criar novos graus de combinações, misturando, em primeiro lugar, os elementos da realidade (o gato, a corrente de ouro, o carvalho), combinando, depois, as imagens da fantasia (a sereia, o elfo), e assim sucessivamente. Mas mesmo os últimos elementos, a partir dos quais são criadas as imagens mais distantes da realidade, mesmo esses elementos últimos constituem sempre elementos da realidade.

Encontra-se aqui a primeira e a mais importante lei a que se subordina a atividade imaginativa. Essa lei pode formular-se do

---

[1] Prólogo de Russlan e Liudmila, *in* Aleksandr Púchkin, *O cavaleiro de bronze e outros poemas*, seleção, tradução e notas de Nina e Guerra e Filipe Guerra, Lisboa: Assírio e Alvim, 1999, p. 111.

seguinte modo: a atividade criadora da imaginação está relacionada diretamente com a riqueza e a variedade da experiência acumulada pelo homem, uma vez que essa experiência é a matéria-prima a partir da qual se elaboram as construções da fantasia. Quanto mais rica for a experiência humana, mais abundante será o material disponível para a imaginação. É essa a razão pela qual a imaginação da criança é mais pobre do que a do adulto, por ser menor a sua experiência.

Se examinarmos a história das grandes realizações e das grandes descobertas, podemos constatar que quase sempre surgiram como resultado da enorme experiência previamente acumulada. Precisamente toda fantasia parte da experiência acumulada: quanto mais rica a experiência, tanto mais deverá ser rica, em circunstâncias semelhantes, a imaginação.

Após o momento de acumulação da experiência, diz Ribot: "inicia-se o período de amadurecimento ou decantação (incubação). Para Newton o período de amadurecimento durou 17 anos e, no momento em que estabeleceu definitivamente os seus cálculos e suas descobertas, foi invadido por um sentimento tão forte que foi obrigado a confiar a tarefa a outrem para a finalização de suas descobertas. O matemático Hamilton disse que o seu método de 'quaterniões' lhe surgiu de repente quando atravessava a ponte de Dublin: 'Nesse momento obtive o resultado de quinze anos de trabalho.' Darwin recolheu dados durante as suas viagens, observou longamente as plantas e os animais e mais tarde após a leitura do livro de Maltus, que por acaso veio parar em suas mãos, surpreendeu-se ajustando definitivamente a sua doutrina. Exemplos semelhantes podem ser encontrados no âmbito da criação literária e artística".

A conclusão pedagógica que podemos tirar daqui é a necessidade de ampliar a experiência da criança se quisermos proporcionar-lhe bases suficientemente sólidas para sua atividade criativa. Quanto mais a criança vir, ouvir e experimentar, quanto mais aprender e assimilar, quanto mais elementos da realidade a criança tiver à sua disposição na sua experiência, mais importante e produtiva, em circunstâncias semelhantes, será sua atividade imaginativa.

Dessa primeira forma de ligação da fantasia com a realidade, é fácil deduzir por que é errada a oposição de uma em relação à outra. A atividade combinatória do nosso cérebro não constitui algo absolutamente novo em relação à sua atividade conservadora, sendo na verdade sua forma mais complexa. A fantasia não se opõe à memória, mas apoia-se nela e dispõe os seus dados em novas e novas combinações. A atividade combinatória do cérebro fundamenta-se no fato de o cérebro conservar os traços das estimulações anteriores, e tudo o que é novo nessa função se reduz sensivelmente ao fato de que o cérebro combina esses traços em posições diferentes daquelas em que se encontravam na realidade.

A segunda forma de ligação da fantasia com a realidade é diferente e mais complexa: não se realiza entre os elementos de construção fantástica e a realidade, mas entre o produto final da fantasia e determinados elementos complexos da realidade. Quando eu, com base em estudos e relatos dos historiadores ou dos viajantes, imagino o quadro da grande Revolução Francesa, ou dos desertos na África, então, em ambas as situações, o panorama obtido é resultado da atividade criativa da minha imaginação. Ela não apenas reproduz o que foi por mim assimilado das experiências passadas, mas cria, a partir dessas experiências, novas combinações.

Nesse sentido ela subordina-se inteiramente à primeira lei anteriormente descrita. E esses produtos da imaginação constroem-se a partir desses elementos elaborados e transformados da realidade, sendo necessário dispor de grandes reservas de experiência acumulada para podermos construir com esses elementos as imagens de que falamos. Se eu não tivesse uma ideia da seca, dos areais, dos grandes espaços e animais que habitam os desertos, não conseguiria criar uma imagem sobre o deserto. Se não tivesse um conjunto de ideias e representações históricas, também não conseguiria criar na minha imaginação um quadro sobre a Revolução Francesa.

A dependência que tem a imaginação das experiências anteriores é aqui revelada com enorme clareza. Mas, ao mesmo tempo, há nessas elaborações da fantasia algo de novo, que as distingue de modo essencial do trecho de Pushkin, que analisamos anteriormente. Quer no quadro do bosque com o gato sábio, quer no caso do deserto africano em que nunca estive, a essência da construção idêntica da imagem reside nas combinações fantasiosas elaboradas a partir de elementos da realidade. Mas o resultado da imaginação, a própria combinação desses elementos, num dos casos, não é real (conto), enquanto no outro caso a ligação desses elementos, o próprio produto da fantasia, e não apenas os seus elementos, corresponde a um fenômeno da realidade. É exatamente essa ligação do produto final da imaginação com qualquer fenômeno real o que representa essa segunda forma, superior, de ligação da fantasia com a realidade.

Essa forma de ligação torna-se possível apenas graças à experiência alheia ou à socialização. Se ninguém tivesse visto nem descrito um deserto africano e a Revolução Francesa, formar uma ideia adequada de deserto ou de Revolução Francesa seria uma tarefa completamente impossível. É só porque a minha imaginação trabalha, não livremente, em ambas as situações, mas sim orientada pela experiência alheia, agindo como se fosse conduzida através de outros, é só graças a isso que se pode conseguir o resultado obtido na situação presente, no qual o produto da imaginação coincide com a realidade.

Nesse sentido a imaginação adquire uma função muito importante no comportamento e desenvolvimento humanos, transforma-se em meio para ampliar a experiência do homem porque, desse modo, este poderá imaginar aquilo que nunca viu, poderá, a partir da descrição do outro, representar para si também a descrição daquilo que na sua própria experiência pessoal não existiu, o que não está limitado pelo círculo e fronteiras estritas da sua própria experiência, mas pode também ir além das suas fronteiras, assimilando, com a ajuda da imaginação, a experiência histórica e social de outros. Sob essa forma, a imaginação é condição absolutamente necessária de quase toda a atividade intelectual do homem.

Quando lemos o jornal e conhecemos inúmeros acontecimentos não testemunhados diretamente, quando a criança estuda geografia ou história, quando simplesmente a partir de uma carta tomamos conhecimento do que ocorreu com outra pessoa, em todos esses casos a nossa imaginação está a serviço da nossa experiência.

Tem-se, assim, uma dependência dupla e recíproca da imaginação com a experiência. Se no primeiro caso a imaginação se apoia na experiência, no segundo a própria experiência se apoia na imaginação.

A terceira forma de ligação entre a imaginação e a realidade é a conjunção emocional, que se manifesta de dois modos. Por um lado, todo o sentimento e emoção tendem a revelar-se em determinadas imagens que lhes correspondem, como se a emoção tivesse a capacidade de escolher as impressões, os pensamentos e as imagens que estão em consonância com um determinado estado de humor e disposição que nos domina nesse exato momento. Sabe-se que, no desgosto e na alegria, não vemos as coisas com os mesmos olhos. Os psicólogos alertaram-nos, há muito tempo, de que cada sentimento não tem apenas uma expressão corporal exterior, mas igualmente uma expressão interior, que se manifesta na escolha dos pensamentos, imagens e impressões. Eles chamaram esse fenômeno de lei da dupla expressão dos sentimentos. O medo, por exemplo, não se manifesta apenas na palidez do rosto, no tremor, na secura da garganta, na alteração do ritmo respiratório e no batimento cardíaco, mas também, além disso, no fato de que todas as impressões percebidas pelo homem nesse momento, todos os pensamentos que lhe passam pela cabeça, se subordinam, de forma geral, ao sentimento que o domina. Quando o ditado diz que o corvo assustado tem medo do arbusto, isso leva em consideração a influência dos nossos sentimentos ao matizar a percepção das coisas exteriores. Do mesmo modo que as pessoas aprenderam há muito tempo a manifestar por meio de impressões exteriores os seus estados de espírito interiores, também as imagens da fantasia servem de expressão interior dos nossos sentimentos. O desgosto e o luto, o homem simboliza-os com a cor negra, a alegria com o branco, a calma com o azul, a revolução com o vermelho. As imagens da fantasia utilizam igualmente uma linguagem interior para as nossas emoções, selecionando determinados elementos da realidade e combinando-os de modo que essa combinação corresponda ao nosso estado interior e não à lógica exterior dessas mesmas imagens.

Os psicólogos chamam essa influência do fator emocional nas combinações da fantasia de lei do sinal emocional comum. A essência dessa lei consiste em que as impressões e imagens que causam um efeito emocional comum tendam a agregar-se entre si, apesar de não existir entre elas nenhuma semelhança interior ou exterior. O resultado é uma combinação de imagens baseadas em sentimentos comuns ou um mesmo sinal emocional que aglutina elementos heterogêneos que se conectam.

"As representações", diz Ribot, "acompanhadas pelas mesmas reações afetivas, associam-se posteriormente entre si, uma vez que a semelhança afetiva une e agrega entre si representações diferentes. Isso se diferencia das associações por semelhança, que consistem na repetição da experiência, e das associações por semelhança no sentido intelectual. As imagens combinam-se entre si, não porque tenham sido apresentadas anteriormente em conjunto, não porque tenhamos percebido relações de semelhança entre elas, mas porque possuem um tom afetivo comum. Alegria, tristeza, admiração, o amor, ódio, tédio, orgulho, cansaço, etc. podem servir de centros de atração aglutinadores de representações ou acontecimentos sem relação racional entre si, mas que respondem ao mesmo sinal emocional, a uma mesma característica, por exemplo, de alegria, tristeza, erotismo, etc. Essa forma de associação é muitas vezes representada nos sonhos ou nos devaneios, isto é, em estados da mente em que a imaginação está livre e trabalha sem regras e normas. É fácil compreender que essas influências implícitas ou explícitas do fator emocional devem proporcionar o surgimento de agrupamentos totalmente inesperados e constituem um campo quase ilimitado para novas combinações, uma vez que o número de imagens com marcas afetivas semelhantes é enorme."

Para exemplificar de forma simples essa combinação de imagens que possuem um sinal emocional comum, temos as situações correntes de aproximação estabelecida entre duas quaisquer impressões distintas que nada têm em comum entre si, exceto provocar em nós estados de humor semelhantes. Quando enunciamos que o azul é frio e o vermelho é quente, então aproximamos a impressão de azul e de frio apenas pelo fato de elas causarem em nós estados de humor semelhantes. É fácil perceber que a fantasia movida por esse fator emocional, tal como a lógica interna dos sentimentos, representará o aspecto mais subjetivo e mais interno da imaginação.

Mas existe, além disso, uma relação recíproca entre a imaginação e as emoções. Se, no caso por nós descrito primeiramente, são os sentimentos que influenciam a imaginação, então, no outro caso, ao contrário, é a imaginação que influencia os sentimentos. Esse fenômeno poderia ser denominado lei da representação emocional da realidade, cuja essência é formulada por Ribot da seguinte forma.

"Todas as formas da representação criativa contêm em si elementos afetivos." Isso significa que tudo o que a fantasia constrói influencia reciprocamente nossos sentimentos, e ainda que essa construção, por si só, não corresponda à realidade, todos os sentimentos por ela desencadeados são reais, vividos verdadeiramente pelo homem que os experimenta. Imaginemos uma situação simples de ilusão: ao entrar em um quarto escuro, a criança imagina que um vestido pendurado é uma pessoa estranha ou um ladrão que entrou em sua casa. A imagem do ladrão criada pela fantasia da criança não é real, mas o medo que a criança sente, o seu susto são, de fato, impressões reais para ela. Algo semelhante acontece também com qualquer representação, por mais fantástica que seja, e essa lei psicológica deve explicar-nos claramente por que as obras de arte criadas pela fantasia dos seus autores exercem em nós uma impressão tão forte.

Os fracassos e os sucessos dos heróis imaginários, suas alegrias e dores nos contagiam emocionalmente, apesar de sabermos bem que não são situações reais, e sim invenções da fantasia. E isso deve-se ao fato de que as emoções pelas quais somos contagiados, seja a partir da leitura das páginas de um livro ou de uma cena de uma peça de teatro, através das imagens artísticas vindas da fantasia, são verdadeiramente reais e as sentimos profundamente. Frequentemente, uma simples combinação de impressões externas, como, por exemplo, a impressão que a obra musical causa na pessoa que a ouve, desperta um mundo inteiro de vivências e sentimentos. A base psicológica da arte musical reside precisamente em estender e aprofundar os sentimentos, em reelaborá-los de modo criativo.

Falta ainda falar da quarta e última forma de ligação entre a fantasia e a realidade. Esta última forma está, por um lado, estritamente ligada ao que acabamos de descrever, mas, por outro lado, distingue-se substancialmente disso. A essência dessa última forma consiste em que a construção da fantasia pode representar algo essencialmente novo, não existente na experiência do homem, nem semelhante a nenhum objeto real; porém, ao assumir uma nova forma material, essa imagem "cristalizada", convertida em objeto, começa a existir realmente no mundo e a influenciar os outros objetos.

Tais imagens tornam-se realidade. Exemplos dessa cristalização ou materialização das imagens podem ser um dispositivo técnico qualquer, máquina ou ferramenta. Resultado da imaginação combinatória do homem, esses novos objetos não correspondem a nenhum modelo existente na natureza, mas dão origem à mais convincente realidade, ao vínculo prático com a realidade, uma vez que, ao materializar-se, tornam-se tão reais quanto os demais objetos e exercem a sua influência no universo real que nos cerca.

Esses produtos da imaginação atravessaram uma longa história que talvez se deva resumir de um modo esquemático e sucinto: deve-se mencionar que descreveram um ciclo no curso do seu desenvolvimento. Os elementos a partir dos quais foram construídos foram apropriados pelo homem da realidade e em seu pensamento foram sujeitos a um trabalho de reconstrução, transformando-os em produtos da imaginação.

Por fim, ao serem materializados, voltaram outra vez à realidade, mas trazendo consigo uma força ativa nova, capaz de transformar essa mesma realidade, fechando-se, assim, o ciclo da atividade criativa da imaginação humana.

Seria errôneo supor que só no domínio da técnica, da ação prática sobre a natureza, a imaginação seria capaz de descrever esse ciclo completo. Da mesma forma, na representação emocional, ou seja, na representação subjetiva, é também possível descrever um ciclo completo, que não é difícil de se observar.

Acontece que, sempre que deparamos com um ciclo completo traçado pela imaginação, ambos os fatores – intelectual e emocional – aparecem como igualmente necessários para o ato criativo. O sentimento e o pensamento movem a criatividade humana.

"Qualquer pensamento dominante", dizia Ribot, "se apoia em alguma necessidade, aspiração ou desejo, isto é, em algum elemento afetivo, pois seria um absurdo acreditar na permanência de qualquer ideia que existisse apenas em puro estado intelectual, com toda a sua aridez e frieza (...) Todo sentimento ou emoção dominante deve concentrar-se na ideia ou imagem que lhe possa dar forma e organização, sem a qual permaneceria num estado impreciso (...) Vemos, assim, que estes dois termos – pensamento dominante e emoção dominante – são quase equivalentes entre si, ambos contendo dois elementos inseparáveis, e apontando somente para o predomínio de um ou de outro."

Para que nos convençamos disso mais facilmente tomemos o exemplo da imaginação artística. Na realidade, por que precisamos das obras de arte? Elas influenciam o nosso mundo interior, as nossas ideias e sentimentos, tal como os instrumentos técnicos do mundo externo e do mundo da natureza? Vejamos um exemplo muito simples, a partir do qual podemos esclarecer sob a forma mais elementar a ação da imaginação artística. O exemplo é tirado do conto de Aleksandr Pushkin *A filha do capitão*. Nesse conto descreve-se o encontro de Pugatchov com o protagonista do conto Griniov. Griniov, oficial feito prisioneiro de Pugatchov, tenta persuadir Pugatchov a deixar seus companheiros e a recorrer ao perdão da imperatriz. Ele não compreende o que move Pugatchov.

"Pugatchov sorriu amargamente.
– Não – disse ele –, é tarde para me arrepender. Para mim não haverá perdão. Continuarei como comecei. Quem sabe! Talvez dê resultado! Grichka Otrepiev não reinou em Moscou?
– Ouça – prosseguiu Pugatchov, com uma espécie de inspiração selvagem. – Vou-te contar uma história que em criança me contou uma velha calmuque. Um dia, uma águia perguntou ao corvo: 'Diz-me, corvo pássaro, por que vives tu no mundo trezentos anos e eu só trinta e três?' 'Isso, meu amigo', respondeu-lhe o corvo, 'é porque tu bebes sangue vivo e eu alimento-me de cadáveres!' A águia ficou pensativa: vou experimentar comer assim também. A águia e o corvo voaram juntos e viram um cavalo morto. Desceram e pousaram sobre ele. O corvo começou a dar bicadas e a comer. A águia bicou uma vez, bicou outra, bateu as asas e disse ao corvo: 'Não, irmão corvo, a viver trezentos anos comendo carne putrefata é preferível saciar-se de sangue vivo e o resto seja como Deus quiser!' Qual a moral da história da calmuque?"[2]

O conto narrado por Pugatchov é produto da imaginação e, dir-se-ia, que a imaginação está completamente desligada da realidade. O corvo e a águia falantes apenas poderiam estar representados na fantasia da velha calmuque. Mas não é difícil notarmos que noutro sentido essa elaboração fantástica resulta direta-

---

[2] Aleksandr Pushkin, *A filha do capitão*. Lisboa: Novo Imbondeiro. Tradução do russo por Manuel Seabra, p. 100. (N. do T.)

mente da realidade e age sobre essa mesma realidade, não uma realidade externa, mas sim interna – no mundo dos pensamentos, conceitos e sentimentos do próprio homem. Sobre essas criações é costume dizer que elas são fortes não pela sua força externa mas pela sua verdade interna. É fácil perceber que nos personagens da águia e do corvo Pushkin apresentou dois tipos de pensamento e de vida, dois tipos de atitudes em relação ao mundo, o que não era possível compreender a partir de uma conversa fria e seca entre os dois interlocutores – a diferença entre o ponto de vista do pequeno-burguês e o ponto de vista do rebelde – diferença que ficou gravada na mente do narrador em todo o conto com toda a clareza e uma força enorme de sentimentos.

O conto poderia esclarecer as relações complexas do dia a dia; os seus personagens como que iluminariam um problema vital, o que um diálogo frio e prosaico não poderia fazer por si só, fê-lo o conto por meio de uma linguagem figurativa e emocional. Pushkin tem razão quando diz que o verso pode cortar os corações com uma força desconhecida, e noutro poema fala da realidade da vivência emocional causada pela imaginação: "Sobre a imaginação lavar-me-ei em lágrimas."

Vale lembrar a influência que uma obra de arte exerce na consciência social para que nos convençamos de que aqui a imaginação descreve o mesmo ciclo tão completo como o que é encarnado numa ferramenta material. Gogol escreveu "O inspetor", os atores representaram-no no teatro; o autor e os atores criaram imagens de ficção e a própria peça representada em cena desnudou com tal clareza todo o terror da Rússia de então, com tal força ridicularizou os pilares nos quais a vida se assentava e que pareciam inabaláveis, que todos sentiram, e o próprio Czar ao assistir à estreia, mais do que todos, que a peça significava uma grande ameaça àquele regime.

"Hoje todos foram atingidos e eu mais do que todos", disse Nikolai na primeira apresentação da peça.

As obras artísticas podem exercer uma influência forte na consciência social das pessoas porque possuem uma lógica interna. O autor de qualquer obra literária, como também Pugatchov, combina as imagens da fantasia não em vão, não sem sentido, não as acumula arbitrariamente umas sobre as outras, pela vontade do acaso, como nos sonhos ou no devaneio. Ao contrário, elas seguem a lógica interna das imagens em desenvolvimento, e essa lógica interna é condicionada pela ligação que a obra estabelece entre o seu mundo e o mundo externo. No conto sobre o corvo e a águia as imagens dispõem-se e combinam-se segundo a lei da lógica das duas forças representadas pelas personagens de Griniov e Pugatchov. Um exemplo muito curioso desse ciclo completo que uma obra literária artística contém pode ser observado nas obras de L. Tolstói. Tolstói descreve como lhe surgiu a imagem de Natasha no seu romance *Guerra e paz*.

"Eu peguei Tânia", diz ele, "misturei com Sonia e surgiu a Natasha."

Tânia e Sonia – são a sua cunhada e a sua mulher, duas mulheres reais, de cuja combinação resultou a imagem artística. Esses elementos tomados da realidade combinam-se a seguir, não pelo livre capricho do artista, mas segundo a lógica interna da imagem artística. Tolstói ouviu, em certa ocasião, a opinião de uma das suas leitoras, que lhe disse que ele procedera de modo muito cruel com Anna Karenina, a protagonista de um de seus romances, quando fez com que se lançasse embaixo das rodas do trem. Tolstói observou:

"Isto faz-me lembrar o que aconteceu com Pushkin quando certa vez ele disse a um dos seus amigos:

– Nem imaginas a peça que a Tatiana me pregou ao casar-se! Eu nunca poderia esperar isso dela.

O mesmo posso eu dizer sobre a Anna Karenina. De modo geral, os meus heróis e as minhas heroínas fazem, às vezes, coisas que eu próprio não quereria que tivessem feito. Fazem o que eles deveriam fazer na realidade e como acontece na vida real, não como eu desejo."

Encontramos esse gênero de reconhecimento num conjunto inteiro de artistas que enfatizam a mesma lógica interna que governa a construção da imagem artística. Wundt, num excelente exemplo, expressou muito bem essa lógica da fantasia quando disse que a ideia sobre o casamento pode trazer juntamente a ideia de enterro (a união e a separação do noivo e da noiva), mas de modo algum o pensamento de dor de dente.

Desse modo, na obra de arte encontramos unidos frequentemente traços distantes sem vínculo exterior, embora não estranhos uns aos outros, como o pensamento sobre a dor de dente e o pensamento sobre o casamento, mas unidos segundo uma lógica interna.

Capítulo 3

O mecanismo da imaginação criativa

Como se compreende de tudo que foi dito anteriormente, a imaginação constitui-se em um processo de composição muito complexo. E é exatamente essa complexidade que se constitui como a maior dificuldade no estudo do processo criativo e frequentemente conduz a ideias errôneas sobre a própria natureza desse processo e o seu caráter, como algo inusitado e absolutamente peculiar. Não nos propomos a fazer agora uma descrição completa do conteúdo desse processo. Isso exigiria uma análise psicológica longa, que neste momento não nos interessa, mas, para darmos uma ideia da complexidade dessa atividade, nos deteremos muito brevemente em alguns aspectos integrantes desse processo. Qualquer atividade imaginativa tem sempre uma história longa atrás de si. Aquilo a que chamamos criação é habitualmente apenas o ato do nascimento que ocorre como resultado de um prolongado processo interno de gestação e desenvolvimento fetal.

No início desse processo, como já vimos, encontramos sempre as percepções externas e internas que são o fundamento da nossa experiência. O que a criança vê e ouve constitui desse modo os primeiros pontos de apoio para sua criatividade futura. A criança acumula material a partir do qual, posteriormente, irá construir as suas fantasias. Depois segue-se um processo complexo de elaboração desses materiais, cujas partes constituintes importantes são as dissociações e associações das impressões adquiridas através da percepção. Cada impressão representa um todo complexo composto por um conjunto de múltiplas partes independentes. A dissociação implica a fragmentação desse todo complexo, separando as suas partes individuais, preferencialmente por comparação umas com as outras; umas são guardadas na memória enquanto outras são esquecidas. A dissociação é, desse modo, condição necessária para a subsequente atividade da fantasia.

Para ligar os diferentes elementos, o homem deve, antes de tudo, fragmentar a associação natural dos elementos, tal como inicialmente foram percebidos. Antes de criar o personagem Natasha em *Guerra e paz*, Tolstói teve de extrair as características particulares das duas mulheres de sua família, sem o que não conseguiria misturá-las ou integrá-las no personagem de Natasha. A essa escolha de alguns traços individuais e ao abandono de outros podemos justificadamente denominar dissociação. Esse processo é muito importante em todo o desenvolvimento mental do homem, e serve de base para o pensamento abstrato, para a formação de conceitos.

A capacidade de extrair traços individuais de um conjunto complexo tem importância para todo o trabalho criativo que o homem realiza sobre as impressões. Ao processo de dissociação sucede-se o processo de modificação a que são sujeitados esses elementos dissociados. O processo de modificação ou de transformação baseia-se na dinâmica das nossas estimulações/excitações nervosas internas e das imagens que lhes correspondem. Os traços das impressões exteriores não se armazenam de modo imóvel no nosso cérebro, como objetos no fundo de uma cesta. Esses traços representam processos que se movem, transformam, vivem, morrem e é nesse movimento que reside a garantia das suas modificações sob a influência de fatores internos, que os deformam e os reelaboram. Podemos dar como exemplo dessa modificação interna o processo de subestimação e de sobrestimação de elementos isolados das impressões que assumem uma enorme importância na imaginação em geral e na imaginação da criança em particular.

As impressões captadas da realidade são transformadas, aumentando ou reduzindo as suas dimensões naturais. A inclinação das crianças pelo exagero, do mesmo modo que essa mesma forte inclinação nos adultos, tem uma causa interna muito profunda. Essas causas consistem na maior parte das vezes na influência que o nosso sentimento interior exerce sobre as impressões exteriores. Exageramos porque queremos ver as coisas na sua forma aumentada quando isso corresponde às nossas necessidades, ao nosso estado de espírito interior. A tendência das crianças ao exagero está bem exemplificada nos contos. Karl Groos dá-nos um exemplo de um conto de sua filha, elaborado quando ela tinha cinco anos e meio de idade.

"Era uma vez um rei", começava a pequena, "que tinha uma filha pequenina. A filha estava deitada no berço, e ao aproximar-se dela o rei reconheceu nela a sua filha. Depois disso eles celebraram o seu casamento. Uma vez, quando eles estavam sentados à mesa, o rei disse-lhe: Traz-me, por favor, um copo grande com a cerveja. Ela então trouxe-lhe um copo de cerveja com três arshin[3] de altura. Depois disso todos eles adormeceram, menos o rei, que ficou a vigiar por eles, e se eles ainda não morreram é porque devem estar vivos ainda hoje."

Esse exagero – diz Groos – é despertado pelo interesse por tudo o que é extraordinário e inusitado, ao qual se agrega um

---
[3] Arshin: 0,71 metro.

sentimento de orgulho ligado à ideia de possuir qualquer coisa imaginada e especial: Eu tenho trinta moedas, não, cinquenta; não cem; não mil! Ou: Eu acabei de ver agora uma borboleta do tamanho de um gato; não, do tamanho de uma casa! Bühler especifica, com toda razão, que nesse processo de modificação e, especialmente, no exagero, a criança exercita operações com grandezas que são desconhecidas na sua experiência direta. Pode-se ver facilmente a enorme importância que têm esses processos de modificação e, em especial, de exagero, nos exemplos da imaginação numérica, citados por Ribot.

"A imaginação numérica nunca atingiu o grande e raro valor", diz ele, "como entre os povos do Oriente. Eles jogam com os números arrojadamente e os esbanjam com um brilhantismo admirável. Assim, na cosmogonia caldeia narra-se que Deus – o peixe Oannes – consagrou 259 200 anos à educação da humanidade, e depois durante 432 mil anos reinaram na terra diferentes figuras mitológicas, e ao fim desses 691 200 anos, tudo foi varrido da face da terra pelo dilúvio... Os habitantes da Índia foram ainda mais longe. Eles inventaram unidades colossais, que servem de base e material para o jogo fantástico com os números. Os jainas[4] dividem o tempo em dois períodos: o tempo ascendente e o tempo descendente. Cada um deles tem uma duração imensa: 2 000 000 000 000 000 oceanos de anos, sendo cada oceano de anos igual por si só a 1 000 000 000 000 000 de anos... Ao budista devoto pensar em tais magnitudes de tempo deve causar vertigens."

Semelhante jogo com exageros numéricos torna-se necessário para o homem, e a demonstração clara disso vemos na astronomia e nas outras ciências naturais que têm de operar com números não menores mas com grandezas notavelmente maiores.

---
[4] Seguidores do jainismo.

"Nas ciências", diz Ribot, "a representação numérica não se reveste de tal delírio. Aos avanços da ciência se atribui a dominação da imaginação, enquanto, na realidade, o que eles fazem é abrir campos incomparavelmente mais amplos à criação científica. A astronomia se sustenta na infinitude do tempo e do espaço. Ela vê nascer mundos, que no início brilham como as nebulosas, transformando-se depois em sóis brilhantes. Esses sóis, ao esfriar, cobrem-se de manchas, perdem seu brilho e por fim apagam-se. Os geólogos seguem o desenvolvimento do planeta que habitamos através de uma série de revoluções e cataclismos; eles preveem o futuro distante, quando o globo terrestre, ao perder os vapores de água que protegem a sua atmosfera da irradiação excessiva de calor, sucumbirá de frio. As hipóteses universalmente aceitas na física e química atuais sobre os átomos e partículas dos corpos não se sujeitam à ousadia das elocubrações atrevidas da imaginação indiana."

Vemos, assim, que o exagero, tal como a imaginação, de modo geral, são tão necessários na arte como na ciência. Sem essa capacidade, que se manifestava tão comicamente no conto da menina de cinco anos e meio, a humanidade não teria sido capaz de criar a astronomia, a geologia e a física.

O momento seguinte nos processos imaginativos é a associação, ou seja, a junção dos elementos dissociados e modificados. Como já foi dito anteriormente, essa associação pode ocorrer sobre bases diferentes e adotar formas diferentes, que vão desde o agrupamento puramente subjetivo de imagens até à junção científica objetiva, como a que evidencia, por exemplo, a representação geográfica. E, por último, o momento final e último do trabalho prévio da imaginação é a combinação de imagens isoladas que são combinadas em um sistema, encaixadas num quadro complexo. A atividade da imaginação criativa, porém, não termina nesse ponto. Como comentamos antes, o ciclo completo dessa atividade só estará completo quando a imaginação se converter ou se cristalizar em imagens exteriores.

No entanto, sobre esse processo de cristalização, ou transição do imaginado para a realidade, falaremos mais tarde. Nesse momento, concentrando-nos apenas nos aspectos internos da imaginação, devemos mencionar os principais fatores psicológicos dos quais dependem todos esses processos isolados. O primeiro desses fatores, como sempre estabelece a análise psicológica, é a necessidade do homem de se adaptar ao ambiente que o rodeia. Se a vida que o rodeia não lhe colocasse desafios, se as suas reações naturais e herdadas o mantivessem em equilíbrio com o mundo que o rodeia, então não existiria nenhum fundamento para o surgimento da ação criadora. Um ser totalmente adaptado ao mundo que o rodeia nada poderia desejar, não buscaria nada de novo e, certamente, não poderia criar. Por isso na base de toda ação criadora está sempre subjacente a inadaptação a partir da qual surgem necessidades, aspirações e desejos.

"Toda necessidade", diz Ribot, "aspirações ou desejos, por si sós ou conjuntamente com outros, podem servir de impulso para a criação. A análise psicológica deve em cada caso decompor a 'criatividade espontânea' nesses seus elementos primários (...) Qualquer invenção tem assim uma origem motriz; a essência principal da invenção criativa é, em todas as situações, de ordem motriz.

As necessidades e os desejos por si sós não podem produzir coisa alguma. São simples estímulos e molas motoras. Para inventar, é necessária, além disso, a presença de outra condição: o surgimento espontâneo das imagens. Chamo surgimento espontâneo o que acontece repentinamente, sem causas óbvias que o impulsionem. As causas existem de fato, mas as suas ações se confundem com uma forma oculta do pensamento por analogia com o estado emocional afetivo, com a função inconsciente do cérebro."

A existência de necessidades ou aspirações põe, desse modo, em movimento o processo imaginativo, revivendo as marcas das excitações nervosas que fornecem material para o seu funcionamento. Essas duas condições são necessárias e suficientes para que compreendamos a atividade da imaginação e de todos os processos que a integram.

Surge ainda a pergunta sobre os fatores dos quais depende a imaginação. No que concerne aos fatores psicológicos, na verdade, estes foram já acima enumerados por nós, embora de modo um pouco desordenado.

Já dissemos que a atividade imaginativa depende da experiência, das necessidades e interesses em que se baseia. Facilmente se compreende que ela depende da capacidade combinatória exercitada nessa atividade, que consiste em dar forma material aos produtos da imaginação; de igual modo depende dos conhecimentos técnicos, das tradições, isto é, dos modelos de criação que influenciam o ser humano. Todos esses fatores têm uma enorme importância, mas são tão simples e evidentes que não nos ocuparemos deles em detalhes. Menos conhecida, e por isso mais importante, é a ação de outro fator: o meio ambiente que nos cerca. Habitualmente a imaginação é representada como uma atividade estritamente interna, independente das condições exteriores, ou, no melhor dos casos, dependente dessas condições apenas por um lado, porque estas determinam o material com o qual trabalha a imaginação. No que diz respeito ao próprio processo imaginativo, este parece, à primeira vista, ser guiado simplesmente pelos sentimentos e necessidades interiores do homem, e por isso condicionado pelas causas subjetivas e não objetivas. De fato, isso não se passa assim, e já há muito tempo a psicologia estabeleceu uma lei segundo a qual o anseio para criar é inversamente proporcional à simplicidade do meio.

"Por isso", diz Ribot, "quando comparamos os negros com os brancos, os homens primitivos com os civilizados, o resultado é que, para a mesma população, a desproporção entre os inovadores num e noutro caso é surpreendente."

Essa dependência da criatividade relativamente ao contexto é muito bem explicada por Waismann. Ele diz: "Suponhamos que nas ilhas Samoa nasça uma criança dotada com o talento e o gênio de Mozart. O que é que ela pode fazer? Quando muito, o que ela pode fazer é ampliar a gama de três ou quatro até sete tons e criar uma série de melodias um pouco mais complexas, mas seria incapaz de compor uma sinfonia ou, como Arquimedes, construir um dínamo elétrico."

Qualquer inventor, por mais genial que seja, é sempre o produto de seu ambiente e de sua época. A sua obra criativa partirá dos níveis alcançados anteriormente e se apoiará nas possibilidades que existem também ao seu redor. É por isso que notamos uma sequência rigorosa na história do desenvolvimento da técnica e da ciência. Nenhuma invenção ou descoberta científica surge antes de se criarem as condições materiais e psicológicas necessárias para o seu aparecimento. A obra criativa representa um processo histórico contínuo, onde cada forma nova tem por base a precedente.

É exatamente isso que explica a distribuição desproporcional dos inovadores e cientistas entre diferentes classes sociais. As classes privilegiadas deram origem a uma percentagem consideravelmente maior de criadores na ciência, na técnica e na arte, porque tinham em suas mãos todas as condições necessárias para a criação.

"Em geral", diz Ribot, "fala-se tanto sobre o voo livre da imaginação e da onipotência do gênio, que se esquecem as condições sociológicas (sem falar de outras), das quais dependem ambas em cada momento. Por mais individual que pareça, toda a criação sempre contém em si um componente social. Nesse sentido nenhuma invenção é individual na acepção estrita da palavra: em toda a invenção existe sempre uma colaboração anônima."

Capítulo 4
A imaginação da criança e do adolescente

A atividade da imaginação criativa é muito complexa e depende de uma série de diferentes fatores. Daqui se depreende claramente que essa atividade não pode ser igual na criança e no jovem, porque todos os fatores assumem um aspecto diferente, em diferentes épocas da infância. Por isso, em cada período do desenvolvimento infantil, a imaginação criativa se elabora de um modo particular, de acordo com o estágio de desenvolvimento em que a criança se encontra. Vimos que a imaginação depende da experiência e que a experiência da criança vai se estruturando e crescendo lentamente, sendo portadora de características específicas profundas que a distinguem da experiência do adulto. A relação da criança com o seu meio, que, com sua complexidade ou simplicidade, suas tradições e influências, estimula e orienta o processo da criatividade, é também muito diferente. Os interesses da criança e do adulto também diferem entre si. De tudo isso se depreende que a imaginação na criança funciona de modo diverso da do adulto.

Como então se diferenciam a imaginação da criança e a imaginação do adulto e qual é a linha de base do seu desenvolvimento na idade infantil? Existe ainda hoje a concepção de que na criança a imaginação é mais rica do que no adulto. A infância é considerada como sendo o período em que mais se desenvolve a fantasia e, de acordo com esse critério, à medida que a criança se desenvolve, a sua capacidade imaginativa e a suas fantasias começam a diminuir. Essa concepção assenta-se numa série de observações sobre a atividade da fantasia. As crianças podem fazer de tudo, disse Goethe, e essa simplicidade e espontaneidade da fantasia infantil, que já não é livre no adulto, podem se confundir com a amplitude e riqueza da imaginação infantil. Mais tarde, a criação da imaginação infantil se diferencia clara e abruptamente da experiência do adulto, e isso é tomado como base para a conclusão de que as crianças vivem mais num mundo de fantasia do que na realidade. São também notórias as imprecisões, as distorções da experiência real e o exagero característico das fantasias das crianças e a sua propensão e gosto pelos contos e narrações fantásticas.

Tudo isso, no seu conjunto, serviu de base para afirmar que a fantasia na idade infantil é mais rica e variada do que a fantasia no adulto. No entanto, tal afirmação não encontra fundamento do ponto de vista científico, pois sabemos que a experiência da criança é mais pobre do que a experiência do adulto. Sabemos também seus interesses são mais simples, mais elementares, mais pobres; por último, sua relação com seu meio ambiente não tem a complexidade, a precisão e a variedade que caracterizam o comportamento do adulto e que constituem os fatores básicos determinantes da função da imaginação. A imaginação na criança, como mostra esta análise, não é mais rica, mas mais pobre do que a imaginação do homem adulto; ao longo do processo de desenvolvimento da criança também se desenvolve a imaginação, que atinge a sua maturidade na idade adulta.

Por isso, os produtos da verdadeira imaginação criativa em todas as áreas da atividade criativa pertencem somente à fantasia já amadurecida. À medida que se aproxima a maturidade, também começa a amadurecer a imaginação, e, na idade de transição – a partir do amadurecimento sexual dos adolescentes –, a força da imaginação, em ascensão muito poderosa, une-se aos primeiros estágios de maturidade da fantasia. Os autores que escreveram sobre a imaginação assinalaram a ligação muito estreita entre o amadurecimento sexual e o desenvolvimento da imaginação. É possível compreender essa relação quando se leva em consideração que, nesse período, o adolescente amadurece e equilibra uma ampla experiência, ao mesmo tempo que se definem os denominados interesses permanentes, se extinguem rapidamente os interesses infantis e, em relação à maturidade geral, a atividade imaginativa adquire uma forma definitiva.

Nas suas investigações sobre a imaginação criativa, Ribot desenha uma curva aqui exemplificada que simbolicamente representa o desenvolvimento da imaginação infantil, da do homem maduro e a do período de transição de que nos ocuparemos agora. A lei principal do desenvolvimento da imaginação que essa curva representa formula-se do seguinte modo: a imaginação, ao longo do seu desenvolvimento, passa por dois períodos separados por uma fase crítica. A curva IM representa o desenvolvimento da imaginação no primeiro período. Eleva-se bruscamente e depois, durante bastante tempo, mantém-se no nível atingido. A linha RO, tracejada, representa o percurso do desenvolvimento da inteligência ou do raciocínio. Esse desenvolvimento começa, como se pode ver na figura, mais tarde e aumenta mais lentamente, porque requer um grande acúmulo de experiência e uma complexidade maior na sua elaboração. É só no ponto M que as duas linhas do desenvolvimento da imaginação e do desenvolvimento da inteligência coincidem.

A parte esquerda da figura representa graficamente de modo claro a peculiaridade que caracteriza a atividade imaginativa na idade infantil, aquilo que, na realidade, foi confundido por muitos pesquisadores com a riqueza da imaginação infantil. A partir da figura é fácil ver que o desenvolvimento da imaginação e da inteligência se diferenciam muito na infância e que essa relativa autonomia da imaginação infantil, a sua independência em relação à atividade cognitiva, não provam a riqueza, mas antes a pobreza da fantasia da criança.

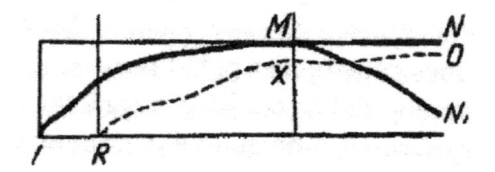

Figura 1. Curva do desenvolvimento da imaginação.

A criança pode imaginar muito menos coisas do que um adulto, mas acredita mais nos produtos da sua imaginação e controla-os menos, e por isso a imaginação, no sentido comum, corrente da palavra, isto é, qualquer coisa de irreal ou inventado, é certamente maior na criança do que no adulto. No entanto, não só o material a partir do qual se constrói a imaginação é mais pobre na criança do que no adulto como também o caráter das combinações que se associam a esse material é, na sua qualidade e variedade, inferior em relação às combinações realizadas pelo adulto. De todas as formas de ligação com a realidade que acima enunciamos, a imaginação da criança está no nível da imaginação do adulto apenas no que diz respeito à primeira, quer dizer, na realidade dos elementos a partir dos quais é construída. É provável que a raiz emocional da imaginação da criança se expresse também tão fortemente como no adulto; mas no que diz respeito às outras duas formas de conexão, é necessário assinalar que elas se desenvolvem apenas com o passar dos anos, muito lentamente e muito gradualmente. A partir do momento do encontro das duas curvas, a da imaginação e a do pensamento no ponto M, o desenvolvimento posterior da imaginação segue, como mostra a linha MN, sensivelmente paralelo à linha do desenvolvimento do pensamento XO. A divergência típica da idade infantil desaparece; a imaginação estreitamente associada ao pensamento segue agora com ele no mesmo passo.

"As duas formas intelectuais", disse Ribot, "encontram-se agora frente a frente como forças competitivas." A atividade imaginativa "prossegue, mas através de uma transformação prévia, adaptando-se a condições racionais, deixando de representar uma imaginação pura, mas elaborada". No entanto, isso nem sempre acontece, porque em muitas situações o desenvolvimento ganha outra variante, que na figura está simbolizada pela curva MN1, que cai rapidamente, o que significa a diminuição ou o cessar da imaginação. "A situação mais frequente é de redução da imaginação criativa. A exceção é devida apenas aos dotados de uma imaginação mais talentosa, pois a maioria entra pouco a pouco na prosa da vida cotidiana, enterra os sonhos da juventude, considera o amor um sonho, etc. Isso, todavia, é apenas uma regressão e não uma anulação, porque a imaginação criativa não desaparece por completo em ninguém, mas passa a ser algo esporádico."

E, de fato, onde persistir uma fração ínfima da vida criativa, haverá a imaginação. Sabemos que na idade adulta há uma curva decrescente da atividade criativa. Olhemos agora mais de perto a fase crítica MX que delimita os dois períodos. Como já tínhamos dito, essa fase ocorre no período de transição entre a idade infantil e a idade adulta, que é agora a que mais nos interessa. Se compreendermos a natureza daquela encruzilhada específica que atravessa a curva da imaginação, teremos a chave para a compreensão adequada de todo o processo criativo nessa idade. Nesse período tem lugar uma transformação profunda da imaginação que passa de subjetiva para objetiva. "No plano fisiológico a causa de tal crise deve-se à formação do organismo adulto e do cérebro adulto, e no plano psicológico é devida ao antagonismo entre a subjetividade pura da imaginação e a objetividade dos processos de raciocínio, ou em outras palavras: entre a razão instável e a razão estável."

Sabemos que a idade de transição se caracteriza, em geral, por um conjunto de atitudes antitéticas, contraditórias, de momentos polarizados, e é justamente por isso que essa idade é denominada idade crítica ou transitória. É a idade em que o equilíbrio psicológico infantil é quebrado e o equilíbrio do organismo adulto ainda não foi alcançado. Desse modo, a imaginação desse período caracteriza-se pelo rompimento, pela superação e pela busca de um novo equilíbrio. O fato de a atividade imaginativa, como ela se manifestava na idade infantil, ir declinando nos adolescentes é evidente, porque a criança dessa idade, em regra, perde o gosto pelo desenho. Apenas algumas crianças continuam a desenhar, sobretudo os mais talentosos nessa atividade ou quando estimulados a isso pelas condições exteriores, como, por exemplo, através de aulas especiais de desenho, etc. A criança começa a desenvolver uma atitude crítica em relação aos seus próprios desenhos, os esquemas infantis deixam de a satisfazer, por lhe parecerem demasiadamente subjetivos, e acaba por concluir que não sabe desenhar, abandonando essa atividade. A interrupção da fantasia infantil é notada também no desinteresse pelos jogos ingênuos da infância precoce e pelos contos de fadas e histórias em geral. A duplicidade da nova forma de imaginação que agora nasce pode ser observada claramente a partir do fato de a forma mais comum e extensa da imaginação nessa idade ser a criação literária. Ela é estimulada pelo forte aumento das vivências subjetivas, pelo alargamento e aprofundamento da vida íntima do adolescente que, desse modo e nessa fase, está criando o seu próprio mundo interior. No entanto, essa fase subjetiva tende a personificar-se em formas objetivas: nos versos, nos contos e nas formas criativas que o adolescente capta a partir da literatura adulta que o rodeia. O desenvolvimento dessa imaginação contraditória se expressa por uma curva descendente das qualidades subjetivas e por uma curva ascendente das qualidades objetivas. Em geral, a maioria dos adolescentes perde o interesse pela sua própria criatividade literária. Tal como acontecera antes com seus desenhos, começa agora a não ficar satisfeito com a insuficiente objetividade de seus escritos e deixa de escrever. Constata-se assim que o auge da imaginação e a profundidade da sua transformação caracterizam essa fase crítica.

Nesse mesmo período, são claramente evidentes dois tipos fundamentais de imaginação: a imaginação plástica e a imaginação emocional, ou exterior e interior. Esses dois tipos principais caracterizam-se especialmente pelo material com o qual é construída a fantasia e as leis dessa construção. A imaginação plástica utiliza preferencialmente dados fornecidos pelas impressões exteriores, é construída a partir de elementos tomados do meio exterior; a imaginação emocional, pelo contrário, é construída a partir de elementos interiores. Podemos denominar a primeira objetiva e a outra, subjetiva. O aparecimento de ambos os tipos de imaginação e sua diferenciação gradual são características específicas dessa idade.

A esse respeito, deve-se ressaltar também que a imaginação pode desempenhar um papel duplo no comportamento humano: pode levar o homem a aproximar-se ou afastar-se da realidade. Diz a expressão: "A própria ciência, pelo menos a ciência natural, não é possível sem a imaginação. Newton usou a imaginação para ver o futuro e Cuvier para ver o passado. As grandes hipóteses a partir das quais nascem as grandes teorias são resultado da imaginação." No entanto, Pascal, com toda a razão, diz que a imaginação é um professor ardiloso. "Ela", diz Compayre, "levanta mais erros do que ajuda a descobrir a verdade (...) A imaginação conduz o cientista crédulo a deixar de lado os raciocínios e as observações e a tomar suas fantasias por verdades comprovadas; a imaginação desvia-nos da realidade com suas admiráveis mentiras, ela, segundo a expressão acertada de Malebranche é a criança travessa que desarruma a casa." É em particular no período de transição que os aspectos perigosos da imaginação se manifestam. Satisfazer-se com a imaginação é muito fácil, e a fuga para o sonho e o escape para o mundo imaginado frequentemente podem desviar da realidade as energias e a vontade do adolescente.

Alguns autores acreditam até que o desenvolvimento do espírito sonhador e concomitante desprendimento do real, o fechamento e a imersão em si, são o traço obrigatório dessa idade. Poderia até afirmar-se que todos esses fenômenos constituem apenas o lado sombrio dessa idade. A aparente melancolia que se abate nessa idade, esse duplo papel da imaginação faz dela um processo complexo, extremamente difícil de assimilar.

"Se o pedagogo-prático", diz Groos, "desejar desenvolver de modo adequado a valiosa capacidade da fantasia criativa, cabe-lhe então enfrentar uma tarefa difícil: domar esse cavalo selvagem e assustado de nobre estirpe e adestrá-lo para prestar bons serviços."

Para Pascal, como dissemos, a imaginação era um professor ardiloso. Goethe designou-a como a precursora da razão. Ambos estavam certos.

Surge então a pergunta: dependerá a atividade criativa do talento? Existe uma opinião muito difundida de que a criatividade é privilégio dos eleitos e que apenas aqueles que são dotados de um talento particular devem cultivá-la e podem ser considerados eleitos para criar. Essa posição não é justa, como já acima tentamos esclarecer. Se entendermos a criação no plano estritamente psicológico, como criação de algo novo, facilmente se conclui que a criatividade é um atributo de todos, em maior ou menor grau, e que ela é a companheira habitual e permanente do desenvolvimento infantil.

Na infância encontramos os designados *wunderkinder*, as crianças-prodígio, que em idade muito precoce demonstram um desenvolvimento e uma rápida maturação de certo dom especial. Com maior frequência encontramos os *wunderkinder* na área da música, mas encontram-se também, em menor proporção, em outras atividades artísticas. Um exemplo de *wunderkinder* é Willy Ferrero, que há vinte anos adquiriu renome mundial por possuir dons musicais extraordinários numa idade precoce. Há crianças-prodígio que aos 6-7 anos de idade dirigem orquestras sinfônicas, executam composições musicais muito complexas e, de modo virtuoso e admirável, tocam um instrumento musical, etc. Mas há muito se notou que, em tal desenvolvimento prematuro e extraordinário, há algo que está bem próximo da patologia, que não é normal.

Um aspecto ainda mais importante é que existe uma regra quase sem exceção segundo a qual essas crianças-prodígio, de amadurecimento prematuro, se se desenvolvessem de modo normal, deveriam superar todos os gênios conhecidos da história da humanidade; mas, geralmente, à medida que vão crescendo, perdem seu talento e não produzem na história das artes uma única obra que seja considerada de valor. As características típicas da criatividade infantil são fáceis de identificar nas crianças normais e não nas crianças superdotadas. Isso não significa que o dom ou o talento não surjam na infância precoce. A partir das biografias de pessoas ilustres aprendemos que sinais dessa genialidade se revelaram desde cedo. Como exemplos de desenvolvimento precoce podemos citar Mozart com a idade de três anos, Mendelssohn aos cinco anos, Haydn aos quatro; Handel e Weber tornaram-se compositores aos doze anos de idade, Schubert aos onze e Cherubini aos treze anos. Nas artes plásticas a vocação e as capacidades para a criação revelam-se de um modo claro mais tarde – em média aos catorze anos de idade; porém Giotto revelou-se aos dez anos, Van Dyck aos nove, Rafael e Greuze aos oito, Michelangelo aos treze anos, Dürer aos quinze, Bernini aos doze, Rubens e Jordaens também se desenvolveram muito cedo. Na poesia não se encontram obras com elevado valor que tenham sido escritas antes dos dezesseis anos.

Mas esses indícios da genialidade futura ainda estavam longe da verdadeira e superior criatividade, eles eram apenas relâmpagos de uma tempestade que se anunciava, arautos do despertar futuro dessa atividade.

Capítulo 5

"Os tormentos da criação"

A criação traz ao homem criador grandes alegrias, porém acarreta também sofrimentos conhecidos como tormentos da criação. Criar é difícil, e o impulso para criar nem sempre coincide com a capacidade para tal, por isso surge o sentimento de tortura e sofrimento; o pensamento não vai ao encontro da palavra, como dizia Dostoiévski. Os poetas chamam a esse sofrimento de o tormento da palavra:

"Não existe no mundo tormento mais intenso do que o tormento da palavra. Em vão às vezes da boca sai um grito louco; inutilmente, por vezes, a alma está pronta para arder de amor, mas nossa pobre linguagem é insignificante e fria."

Esse desejo de transmitir, por meio da palavra, os sentimentos ou pensamentos que nos dominam, o desejo de contagiar outras pessoas com esse sentimento e, ao mesmo tempo, a compreensão da impossibilidade de o fazer, costuma aparecer intensamente na criação literária dos jovens. Liérmontov o expressa, em seus primeiros versos, desta maneira:

"Com as frias palavras é difícil explicar
As batalhas da alma. Não possui o homem sons
Suficientemente fortes para expressar

*O desejo de felicidade. Sinto a paixão
Exaltada, mas palavras
Não encontro, e neste instante pronto
Estou para me sacrificar, para, de algum modo,
verter sua sombra noutro peito."*[5]

Arkady Gornfeld, em seu artigo dedicado ao tormento das palavras, recorda o personagem secundário de Uspensky. Trata-se do andarilho de "Observações de um vagabundo". A cena, onde esse infeliz, não encontrando as palavras para expressar o pensamento profundo que o domina e atormentado por sua impotência, se põe a rezar diante da imagem do santo, "para que Deus lhe compreenda", deixa uma sensação de indescritível angústia. De fato, tudo o que sofre esse pobre espírito magoado em nada se distingue das "torturas da palavra" que o poeta ou o pensador experimenta, e que expressa quase com as mesmas palavras. "Eu te diria, meu amigo, sem nada te ocultar, porém faltam-me as palavras... Eis o que te digo! É como se entrasse na cabeça, mas não saísse pela língua! Ai, ai, que castigo mais torpe esse nosso!" Mas, por vezes, as trevas são interrompidas por raios de luz brilhantes; o pensamento ilumina-se para o infeliz e, tal como ao poeta, "de repente o misterioso adquire um rosto conhecido". E põe-se a explicar:

"– Se eu, por exemplo, vou para a terra, porque da terra emergi. Suponhamos que vou para a terra, por exemplo, do infortúnio; como poderiam então obrigar-me a pagar pela terra?

– Bem, bem – exclamamos com júbilo.

– Espera. Aqui falta uma palavra... vejam, senhores, como falta algo.

---

[5] Tradução de Halima Naimova.

O andarilho levantou-se e ficou no meio do aposento, preparando-se para dobrar outro dedo da mão.
— Aqui ainda não se disse nada do que é mais importante. E tem de se fazer assim porque: por exemplo... — aqui calou-se por um momento e perguntou com vigor: — E a alma, quem te deu?
— Deus.
— É verdade. Muito bem. Agora, olha para cá...
Preparávamo-nos para olhar, mas o andarilho novamente calou-se, perdeu a força, e pondo as mãos na cintura gritou quase desesperadamente:
— Não. Não há nada a fazer. Não é nada assim... Ai, meu Deus! Sim, eu te direi alguma coisa. Aqui é preciso falar. Aqui é preciso falar do fundo da alma. Não, não consigo."

Detivemo-nos nessa questão, não porque os sofrimentos intensos relacionados com a criação tenham alguma influência importante no destino futuro do adolescente em desenvolvimento; tampouco porque esses tormentos sejam sentidos de modo mais forte e trágico pelo adolescente, mas porque tal fenômeno desvenda a última e mais importante característica da imaginação, sem a qual o quadro por nós traçado ficaria incompleto em sua essência. Essa característica consiste no desejo da imaginação para a criação, no qual residem a raiz autêntica e o princípio motriz da criação. Qualquer construção da imaginação, partindo da realidade, tende a descrever um ciclo completo e a encarnar de novo a realidade.

Ao surgir como resposta às nossas aspirações e impulsos, a construção da imaginação aproxima-se da realidade. Em virtude dos impulsos a ela vinculados, a imaginação tende a ser criativa, isto é, ativa e transformadora daquilo para o qual está orientada sua atividade. Neste sentido, Ribot compara, de modo apropriado, a contemplação à apatia. Para esse autor, essa forma inadequada da imaginação criativa é totalmente semelhante à vontade impotente. Para ele "a imaginação na esfera intelectual" corresponde à vontade em relação ao movimento. Os homens sempre desejam alguma coisa – que tanto pode ser algo insignificante como algo de muito valor; os homens sempre criam com determinado propósito – quer seja ele um Napoleão, planejando uma batalha, ou um cozinheiro, inventando um novo prato.

Em sua forma normal, a vontade se expressa em ação, mas nas pessoas indecisas e abúlicas as indecisões nunca terminam ou as decisões ficam sem concretização, impossibilitadas de serem realizadas e comprovadas na prática. A imaginação criativa em toda a sua forma tenta afirmar-se em atos exteriores, que existam não apenas para o próprio autor, mas também para os outros. Ao contrário, para as pessoas puramente contemplativas, a imaginação permanece num estado pouco elaborado, sem materializar-se em produções artísticas ou em práticas de qualquer tipo. A contemplação assemelha-se à abulia, e os sonhadores são incapazes de manifestar a imaginação criativa. O ideal da imaginação criativa consiste em sua construção e só seria, então, uma força verdadeiramente viva e real ao orientar as ações e os atos do homem para a materialização e realização. Se separarmos a contemplação e a imaginação criativa como duas formas extremas e em essência diferentes de fantasia, torna-se claro que na educação da criança a construção da imaginação possui não apenas um significado parcial de exercício e estímulo de uma função isolada qualquer, mas tem um significado global que se reflete em todo o comportamento humano. Nesse sentido, o papel da imaginação no futuro não será menor do que aquele que tem no presente.

"O papel da fantasia", diz Lunatcharsky, "no futuro não será de modo algum menor do que hoje. É muito provável que assuma um caráter muito particular, combinando elementos científicos experimentais com os voos vertiginosos da fantasia intelectual e simbólica."

Considerando o que foi dito acima, de que a imaginação é o impulso da criação, podemos concordar com a posição de Ribot fundamentada nas suas investigações:

"A imaginação criadora penetra, com a sua obra, por completo na vida pessoal e social, imaginativa e prática em todos os seus aspectos: ela é ubíqua."

Capítulo 6

A criatividade literária na idade escolar

De todas as formas de criação literária, a verbal é a mais característica do período escolar. É bem conhecido que em idade precoce todas as crianças apresentam vários estágios de desenvolvimento em seus desenhos, já que o desenho é a expressão típica da idade pré-escolar em particular. Nessa fase as crianças gostam muito de desenhar, mesmo sem serem estimuladas pelos adultos; às vezes basta apenas um pequeno estímulo para que a criança comece a desenhar.

As observações mostraram que todas as crianças desenham, e as fases pelas quais passam os seus desenhos são mais ou menos comuns para as crianças da mesma idade. Nessa etapa da vida desenhar é a atividade de que a criança mais gosta, mas, ao começar a idade escolar, o seu gosto e interesse pelo desenho começam a decair. Em muitos casos, ou mesmo na maioria deles, podem até desaparecer, se não estimulados. Apenas em algumas crianças se conserva essa propensão, naquelas com mais habilidade nessa área e também nos grupos de crianças que desfrutam, em casa e na escola, de condições que estimulam o ímpeto por desenhar e, assim, promovem o desenvolvimento dessa atividade. É evidente que existe certa ligação intrínseca entre a personalidade da criança nessa idade e a sua predileção pelo desenho. Certamente, a concentração das forças criativas da criança no desenho não se dá por acaso, mas deve-se à circunstância de ser o desenho o que permite à criança nessa idade expressar mais facilmente suas inquietações. Ao passar para outra fase do desenvolvimento, a criança eleva-se a um nível superior, transformando-se e mudando também o caráter da sua obra criativa.

O desenho fica para trás como uma etapa já vivida, e seu lugar, como forma de expressão, começa a ser ocupado pela arte literária, que predomina sobretudo no período de maturação sexual do adolescente. Alguns autores supõem que apenas a partir dessa idade se pode falar de criatividade literária nas crianças.

"A própria criação literária", diz o professor Soloviev, "no sentido genuíno da palavra, tem a sua origem precisamente quando surge o despertar da sexualidade. É necessário um acúmulo de vivências pessoais, de experiências já vividas, tem-se que saber analisar as relações entre as pessoas em várias situações para poder expressar em palavras algo pessoal e novo (a partir de um ponto de vista próprio) encarnando e combinando fatos da vida real. A criança em idade escolar não pode ainda fazê-lo, e, por isso, a sua criação tem um caráter tradicional e, sob muitos aspectos, extremamente ingênuo."

Existe um fato fundamental que mostra de modo convincente que a criança deve amadurecer para chegar à criação literária. Para isso ela deve acumular muita experiência, deve alcançar um bom domínio da palavra e um nível elevado de desenvolvimento do seu mundo interior. Esse fato a que nos referimos traduz-se no atraso que as crianças revelam no desenvolvimento da linguagem escrita comparativamente com a linguagem falada.

"Como se sabe", dizia Gaupp, "a expressão escrita das ideias e dos sentimentos pelos estudantes está muito aquém da sua capacidade de expressão verbal; e a explicação para esse fato não é fácil. Quando falamos com um menino ou uma menina entusiasmados com as coisas que lhes são familiares e pelas quais têm interesse, habitualmente ouvimos deles descrições vivas e respostas acertadas. A conversa com eles é muito prazerosa. Mas se às mesmas crianças for solicitado fazer um relato, livremente, por escrito, sobre o mesmo assunto da conversa que acabamos de ter, obteríamos apenas algumas frases sem sentido. Como são monótonas, forçadas e pobres em conteúdo as cartas das crianças para os seus pais ausentes, e como são vivas e ricas as descrições verbais quando os seus pais regressam! Parece que no momento em que a criança pega a caneta na mão o seu pensamento é travado, é como se o trabalho de escrever a assustasse. "Eu não sei o que escrever. Não me vem nenhuma ideia à cabeça" – é a queixa frequente da criança. Daqui se depreende ser errôneo avaliar o nível de desenvolvimento mental, de inteligência, dos alunos dos primeiros anos de escolaridade, a partir da qualidade das suas composições escolares.

A explicação para essa falta de correspondência entre o desenvolvimento da linguagem oral e da escrita deve-se, fundamentalmente, à diferença entre as dificuldades que a criança encontra para se expressar de um e outro modo; quando a criança está perante uma tarefa de maior dificuldade, tenta resolvê-la com se fosse uma criança de menor idade.

"Basta dificultar uma tarefa com o uso da palavra para uma criança", dizia Blonsky, "por exemplo, fazendo-a se expressar pela escrita em papel, e de imediato vemos que a sua linguagem escrita é mais infantil do que a sua linguagem falada: aparecem palavras desconectadas nas orações e aumentam muito os modos imperativos. Podemos ver isso praticamente em tudo; quando a criança executa um trabalho intelectual difícil, começa novamente a manifestar todas as peculiaridades de quando era mais jovem. Se mostramos a uma criança de sete anos um quadro com um conteúdo adequado à sua idade e pedimos-lhe que fale sobre ele, ela falará como uma criança de sete anos, isto é, descreverá o que tem no quadro. Mas, se lhe mostrarmos uma imagem mais complexa, ela começará a descrevê-la como uma criança de três anos, isto é, passa simplesmente a nomear os objetos representados na imagem sem fazer nenhuma conexão entre eles."

O mesmo acontece quando a criança passa da linguagem oral para a linguagem escrita. A linguagem escrita é mais difícil porque tem as suas próprias leis, que diferem com frequência das leis do discurso oral, e a criança ainda não as domina bem.

Muitas vezes as dificuldades que a criança experimenta na passagem para a linguagem escrita podem ser explicadas por razões internas muito profundas. A linguagem falada é sempre compreensível para a criança, pois resulta da comunicação viva com as outras pessoas, constitui uma reação completamente natural, sendo uma resposta ao que acontece à sua volta e afetando-a pessoalmente. Ao passar para a linguagem escrita, muito mais abstrata e condicional, muitas vezes a criança não compreende por que é necessário escrever.

Isso se manifesta especialmente nas situações em que a criança escreve sobre temas de tarefas da escola. Na antiga escola, o desenvolvimento da criatividade para a escrita dos alunos das classes primárias era estimulado pelo professor, que escolhia temas para a elaboração de composições. As crianças escreviam as composições aproximando a sua redação, tanto quanto possível, da linguagem literária dos adultos, ou do estilo dos livros que liam. Tais temas eram estranhos à compreensão dos alunos, sem relação com sua imaginação e seus seus sentimentos. Não se davam às crianças exemplos de como elas deveriam escrever, e muito raramente o próprio trabalho se relacionava com alguma coisa compreensível para elas, próxima de seu universo e que estivesse ao seu alcance. Os professores que procediam desse modo orientavam mal a criatividade literária das crianças; com frequência, matavam a beleza espontânea, as peculiaridades e o brilho da linguagem infantil e obstaculizavam a aquisição da linguagem escrita como expressão particular dos seus próprios pensamentos e sentimentos. Incutiam nas crianças, como dizia Blonsky, o jargão escolar, construindo nelas, mecanicamente, a linguagem artificial, livresca dos adultos.

"A arte principal do professor no ensino da língua", dizia Tolstói, "e o principal exercício que deve ser usado na orientação das crianças para a escrita de composições consiste na atribuição dos temas; mas não apenas na indicação destes, e sim na oferta de uma grande variedade de temas, na indicação do tamanho da composição e ensinando os procedimentos básicos. Muitos alunos inteligentes e talentosos escreviam composições sem sentido como: "O fogo propagava-se, começaram a incitar e eu saí para a rua" – o resultado dessa escrita era nulo, apesar de o tema da composição ser rico e ter deixado uma impressão profunda na criança. Elas não compreendiam o mais importante: por que motivo deviam escrever e qual era a utilidade da escrita? Elas não compreendiam a arte, a beleza de representar a vida sob a forma da palavra e a atração dessa arte."

Por isso, é muito mais fácil desenvolver o gosto literário na criança, e tem-se mais sucesso quando se convida a criança a escrever sobre um tema que ela compreenda, que a emocione e, especialmente, a estimule a expressar com palavras seu mundo interior. É muito frequente que a criança escreva mal porque não tem sobre o que escrever.

"É necessário acostumar a criança", diz Blonsky, "a escrever apenas sobre o que ela conhece bem, sobre o que ela pensou muito e profundamente. Não há nada pior para a criança do que impor-lhe um tema sobre o qual ela pouco pensou e sobre o qual ela tem pouco para dizer. Isso equivaleria a formar escritores vazios e superficiais. Para fazer de uma criança um escritor é necessário desenvolver nela um grande interesse pelo que se passa à sua volta. A criança escreve melhor sobre o que mais lhe interessa, sobretudo quando ela conhece bem o assunto. É necessário ensinar a criança a escrever sobre o que lhe interessa fortemente e sobre o que ela pensou muito e profundamente, sobre o que conhece bem e no que se orienta facilmente. Deve-se ensinar a criança a não escrever sobre o que ela não conhece, não compreende e não tem interesse. E a verdade é que, apesar disso, há professores que fazem exatamente o contrário, aniquilando, desse modo, o potencial escritor na criança."

Por essa razão Blonsky aconselha que se escolham, para que desenvolvam a linguagem escrita, os tipos de obras literárias mais adequadas para crianças, como pequenas notas, cartas ou pequenas histórias.

"Se a escola deseja ser educativa, então ela deve focar esse tipo de obra literária. Certamente as cartas (pessoais e de negócios) são a forma de escrita mais frequente no mundo. É evidente que o estímulo para a escrita de cartas é a comunicação com os amigos que estão ausentes, o que faz com que as cartas dirigidas a pessoas desconhecidas ou carentes de sentido real tornem-se falsas e artificiais."

Desse modo, a tarefa consiste em motivar a criança a escrever e ajudá-la a dominar a técnica da escrita. Lev Tolstói descreveu uma experiência pessoal extraordinária relacionada com o despertar do gosto para a escrita nos filhos dos camponeses. No artigo que escreveu, "A quem ensinar e com quem aprender: [*Komu u kogo uchit'sia pisat? – krest'ianski rebiatam u nas ili nam u krst'ianskih rebiat*]¹, esse grande escritor chegou à conclusão, à primeira vista paradoxal, de que somos nós, os adultos, e mesmo os grandes escritores, que devem aprender a escrever com as crianças camponesas, e não o contrário. Essa experiência de despertar o gosto pela escrita criativa das crianças camponesas mostra como ocorre o processo da escrita criativa na criança, como nasce e se desenvolve, e que papel o professor pode desempenhar quando deseja contribuir para o adequado desenvolvimento desse processo. A essência dessa descoberta de Tolstói consiste no fato de ele ter detectado os traços da escrita das crianças característicos apenas dessa idade e ter compreendido que a verdadeira tarefa da educação consiste, não em inculcar prematuramente na criança a linguagem dos adultos, mas em ajudar a criança a desenvolver e formar a sua própria linguagem literária. Tolstói deu aos seus alunos a tarefa de escreverem uma composição baseada no provérbio: "Ele alimenta-te com a colher e depois com a palha lhe fura o olho (...)"

"Imagina", disse Tostói, "que o camponês abrigou em sua casa um pedinte e depois, porque lhe deu ajuda, lhe atirou à cara o bem que lhe tinha feito, concluindo-se daqui que quem 'lhe deu de comer com a colher, com a palha lhe furou o olho'". De início as crianças recusaram-se a escrever, temendo que estivesse acima de sua capacidade, e foi o próprio Tolstói, então, que se pôs a escrever. Escreveu a primeira página: "Qualquer pessoa imparcial", diz o escritor, "com sensibilidade artística e gosto pela cultura popular, ao ler esta primeira página escrita por mim e as outras páginas seguintes da história escritas pelas próprios alunos, distinguirá esta primeira página das restantes, como o preto no branco, por ser falsa, artificial e escrita numa linguagem tão desagradável...

---

[1] "Os filhos de camponeses devem aprender conosco ou nós aprendermos com eles."

Pareceu-me muito estranho que um rapaz camponês semianalfabeto de repente mostrasse tal força artística consciente, que nem o próprio Goethe, com o seu nível de desenvolvimento artístico, poderia alcançar. Pareceu-me tão deprimente e estranho que eu, o autor de *Infância*, que tive um certo êxito e reconhecimento do meu talento artístico pelo público culto russo, não pudesse contribuir artisticamente com nada, no sentido de ajudar ou mesmo instruir um pequeno Semka ou um Fedka qualquer de onze anos de idade, senão a duras penas, e, graças a um momento de feliz inspiração, fui capaz de acompanhá-los e compreendê-los. Isso pareceu-me tão estranho que não acreditei no que aconteceu ontem."

Como Tolstói foi capaz de despertar nessas crianças, que até então ignoravam por completo o que era criação artística, a capacidade para se expressarem nesse modo complexo e difícil? As crianças começaram a criar coletivamente. Tolstói narrava-lhes um trecho, e eles o repetiam a seu modo.

"Alguém dizia que o velho era um bruxo; outro dizia: 'não, não é necessário, ele será apenas um soldado'; ou, 'não, é melhor que ele os roube', 'mas, assim não seria como no provérbio', etc. – diziam as crianças." Todas as crianças participavam da redação e ficavam interessadas e atraídas pelo próprio processo da composição – e esse era o primeiro impulso para o trabalho criativo. "Assim", escreveu Tolstói, "as crianças sentiram, pela primeira vez, o encanto de expressar em palavras os detalhes artísticos." As crianças inventavam, criavam figuras dos personagens protagonistas, descreviam sua aparência e uma série de pormenores, tomando episódios isolados e agregando-os numa linguagem oral determinada e precisa. "Os seus olhos brilhavam quase lacrimejantes", escreveu Tolstói, sobre um menino que relatava a história, "as suas mãos sujas e pequeninas retorciam-se nervosamente; ele zangava-se comigo e repetia sem parar: 'já escreveste, já escreveste?' Tratava as outras crianças de modo despótico e irritado, queria ser o único a falar, mas não usando o modo habitual da linguagem oral, e sim da linguagem escrita, isto é, de forma artística, imprimindo, por meio das palavras, imagens e sentimentos. Não suportava modificar a ordem das palavras escritas e dizia, por exemplo: 'Tenho nas pernas feridas', e não admitia dizer: 'Tenho feridas nas pernas'. Nesse exemplo vemos como era forte o significado da forma verbal para essa criança, que, pela primeira vez, abordava a criação literária."

A ordem das palavras está para a literatura assim como a melodia para a música, ou um fragmento do desenho para a pintura. E o significado desse desenho verbal, os detalhes pictóricos, o sentido de proporção – segundo Tolstói, estavam totalmente desenvolvidos na criança. A criança representava quando escrevia e quando pronunciava as palavras de seus personagens, dizia, "às vezes falava num tom cansado e calmo, sério e, ao mesmo tempo, benevolente, apoiando a cabeça com a mão, que fazia as outras crianças se retorcerem de tanto rir". Essa colaboração autêntica entre o escritor adulto e as crianças foi por elas compreendida como um verdadeiro trabalho de cooperação, no qual elas se sentiam iguais aos adultos. "Vamos publicar o texto?", perguntou um menino a Tolstói. "Publicaremos assim os autores: Makarov, Morosov e Tolstói." Assim se sentiam as crianças: coautores de uma obra conjunta.

"Não havia dúvida", dizia Tolstói. "Não se tratava de algo casual, mas da criação consciente de uma obra... Não encontrei nada que fosse parecido com essas páginas na literatura russa."

Baseado nessa experiência, Tolstói propôs que, para introduzir as crianças na arte literária, é necessário apenas estimulá-las e fornecer o material para a criação. "Tudo o que a criança necessita de mim é do material para que possa produzir de modo harmonioso e multifacetado. Assim que eu lhe dei plena liberdade e deixei de instruir-lhe, ela escreveu um trabalho poético, nunca antes visto na literatura russa. E, por isso, estou convicto de que não devemos ensinar a escrever e a compor, especialmente poesias, às crianças em geral e aos filhos de camponeses em particular. Tudo o que podemos fazer por eles é orientar seu trabalho.

Se o que eu fiz para alcançar esses objetivos pudesse ser designado como método, então os métodos foram os seguintes. Primeiro: propor-lhes o maior e mais variado conjunto de temas, não temas inventados para as crianças, mas sim temas sérios e que interessam ao próprio professor. Segundo: oferecer às crianças livros infantis e usar apenas esse tipo de texto como modelo. Terceiro (e muito importante): ao examinar o caderno em que as composições das crianças foram feitas, não se deve fazer críticas sobre o asseio, a caligrafia ou a ortografia e, especialmente, sobre a construção frásica ou a lógica do relato. Quarto: uma vez que a dificuldade em redigir não consiste no volume ou no conteúdo, mas no valor artístico do tema, então a sequência de desenvolvimento dos temas deve ser determinada não pelo volume, não pelo conteúdo, não pela linguagem, mas pela natureza da trama."

Por mais instrutiva que seja a experiência de Tolstói, a interpretação que faz da sua experiência mostra uma idealização da natureza da criança e uma atitude negativa em relação à cultura e à criação artística, que caracterizaram as suas ideias ético-religiosas no último período da sua vida. De acordo com a teoria e os pressupostos reacionários de Tolstói:

"O nosso ideal não está no futuro mas no passado. A Educação deteriora e não orienta as pessoas; não se pode ensinar e educar a criança pela simples razão de a criança estar mais perto do que eu, mais próxima do que qualquer adulto do ideal de harmonia, verdade, beleza e bondade, até o qual, eu, em meu orgulho, desejo elevá-lo. A consciência desse ideal é mais forte nele do que em mim." Esse é um vestígio da teoria de Rousseau, ultrapassada há muito pela ciência. "O homem nasce perfeito" – afirmava eloquentemente Rousseau, e essa expressão, como pedra, mantém-se erguida e verdadeira. "Ao nascer, o homem é um protótipo da verdade, da harmonia, da beleza e da bondade."

Nessa visão incorreta da perfeição da natureza da criança encontra-se o segundo erro que Tolstói comete em relação à educação. Se a perfeição está atrás de nós e não a nossa frente, então é completamente lógico negar todo o significado, o sentido e as possibilidades da educação. No entanto, será suficiente rejeitarmos a primeira afirmação, não respaldada pelos fatos, para se tornar claro que a educação em geral e em particular a educação para a criatividade literária nas crianças é, não apenas possível, como completamente inevitável. Depreende-se facilmente também do que foi dito anteriormente que Tolstói não fez nada mais do que dar educação literária para as crianças camponesas. Ele despertou nas crianças formas de expressar sua experiência pessoal e seu enfoque do mundo que não conheciam até então; junto com as crianças inventava, construía, compunha, inspirava-lhes, oferecia-lhes temas – quer dizer, canalizava, na sua essência, todo o processo de sua atividade criativa, mostrava-lhes os métodos literários, etc. E tudo isso é educar, no sentido mais puro e autêntico desse conceito.

A compreensão adequada e científica da educação não consiste em incutir artificialmente nas crianças os ideais, sentimentos ou critérios que lhes sejam completamente alheios. A verdadeira educação consiste em despertar na criança aquilo que ela já tem em si, ajudá-la a desenvolvê-lo e orientar seu desenvolvimento em determinada direção. Era o que Tolstói fazia com as crianças de seu relato. O que é mais importante para nós não é a teoria geral de Tolstói sobre a educação; interessa-nos, acima de tudo, a sua maravilhosa descrição do despertar da criatividade literária apresentada nas páginas citadas.

Torna-se muito evidente na produção das crianças abandonadas que elas escrevem com muito mais vontade quando há a necessidade de escrever. As criações verbais dessas crianças, na maior parte das vezes, manifestam-se sob a forma de canções, cantadas por elas mesmas e que refletem todos os aspectos da sua vida, sendo a maioria canções profundamente tristes e melancólicas. Como Pushkin disse: "Do cocheiro até ao mais sublime e puro poeta, todos nós cantamos canções tristes." Nas canções da criança abandonada refletem-se toda a obscuridade, toda a dificuldade de sua existência. A prisão, a morte precoce, a doença, a orfandade, o abandono, o desamparo – são esses os temas permanentes dessas canções, ainda que, por vezes, se revele também outro tema: o orgulho, ao cantar com arrogância seus atos heroicos:

"Caiu a noite sombria

Empunhei um ferro em minhas mãos

Em um instante quebrei a vidraça E entrei numa cabana alheia."

cantava um desses meninos abandonados, mas, em suas palavras, o que se ouvia era o eco natural da infinita tragédia de sua vida, o protesto lógico e compreensível por seu destino miserável.

"Houve um tempo em que eu quis a vossa mão de ajuda,

Mas agora que tenho a minha alma endurecida, decidi roubar.

Podem cuspir, atirar-me pedras, tudo eu aguento, a tudo estou acostumado,

E não espero pela vossa compaixão, a ninguém importo."

Alguns anos atrás realizou-se uma experiência muito interessante de reunir relatos de crianças abandonadas. Anna Grinberg reuniu setenta histórias escritas por crianças abandonadas de catorze e quinze anos. "Todas as crianças escreveram com muito interesse e seriedade sobre a sua vida", diz a autora desse livro. "Havia entre elas analfabetos e semianalfabetos que, apesar de todas as dificuldades, dirigiam-se para as mesas, buscando papel e alguma caneta, dentre as poucas que havia, se sentavam, faziam o sinal da cruz e durante várias horas devotada e cuidadosamente escreviam, pedindo ajuda aos seus vizinhos, reescrevendo seus textos e comparando-os com páginas impressas de um livro despedaçado que chegara por acaso em suas mãos. Nessas histórias, com exceção das crianças que não queriam abrir-se completamente e permaneciam fechadas ou não eram sinceras, manifesta-se o traço principal de todas as criações desse gênero. Existe alguma coisa acumulada dentro da pessoa sofrida que tenta exteriorizar-se, reclama expressão, que quer sair por meio das palavras. Quando a criança tem alguma coisa para escrever, ela escreve com extrema seriedade."

"Com isto termino o meu relato", escreveu uma das meninas, "eu gostaria de escrever mais, pois isto é apenas um terço de tudo o que eu sofri. Hei de lembrar desta minha vida durante muito tempo!"

Se levarmos em consideração não a semelhança exterior mas a interior, encontramos nessas histórias quase os mesmos traços da escrita criativa das crianças a que Tolstói se refere. Exteriormente, quanto ao conteúdo e à linguagem, essas histórias diferem profundamente das histórias de Tolstói sobre Fedka e Semka. Do mesmo modo é diferente a época em que essas crianças viveram, o meio no qual cresceram e a experiência de vida que tiveram. Mas a seriedade autêntica da linguagem literária utilizada testemunha a necessidade real de expressar em palavras a genialidade e peculiaridade da linguagem infantil, tão diferente da linguagem literária estereotipada dos adultos. A emocionalidade sincera e a imaginação concreta dessas histórias evocam os traços análogos detectados nas histórias das crianças camponesas de que Tolstói falou. Uma das crianças acrescentou a seguinte nota à sua autobiografia, que expressa a profundidade do sentimento e a concretude autêntica das experiências transformadas em sua composição literária: "As memórias e a saudade da minha terra na província de Vologda na aldeia de Vymsk, na floresta perto do rio."

É muito fácil compreender a ligação que existe entre o desenvolvimento da criação literária e a idade de transição da adolescência. O fato mais importante dessa idade é o despertar da sexualidade. A partir desse aspecto central e fundamental podem ser explicados todos os outros, relacionados com essa característica essencial, já que é esse fato que faz desse um período crítico ou decisivo da vida da criança. Nesse período da vida da criança entra em cena um novo e poderoso fator constituído pelo despertar da sexualidade, o instinto sexual que destrói o equilíbrio estável dos primeiros anos escolares, sem que se tenha encontrado ainda um novo equilíbrio. A ruptura do equilíbrio anterior e a procura de um novo equilíbrio constituem a essência da crise que a criança experimenta ao chegar a essa idade. Mas vejamos em que consiste a natureza dessa crise.

A ciência ainda não deu a essa questão uma resposta exata. Alguns consideram que a principal característica dessa crise é a debilidade, a fragilidade da constituição e do comportamento da criança ao atingir esse período crítico. Outros, pelo contrário, acreditam que essa crise se baseia no aumento poderoso da vitalidade que envolve todos os aspectos do desenvolvimento infantil, e que a crise propriamente dita típica dessa idade é apenas consequência desse impulso criativo. Sabemos que nesse período os adolescentes crescem rapidamente, aproximando-se de modo rápido do tamanho e da estrutura corporal adulta. Um crescimento semelhante pode ser observado também no comportamento e na vida interior do adulto.

Todo um novo mundo de experiências íntimas, impulsos e aspirações se abre nessa idade; a vida interior torna-se infinitamente mais complexa quando comparada com a dos primeiros anos da infância. As relações com as pessoas e o meio que estão à sua volta tornam-se muito mais complexas; as impressões do mundo exterior são alvo de uma análise mais profunda. Há um traço muito óbvio no comportamento do adolescente, diretamente relacionado com a tendência para a criatividade literária desse período – é a intensificação da emocionalidade, o aumento da excitabilidade dos sentimentos nesse período de transição. Quando o comportamento humano tende para o habitual e o invariável, não se observa nada de notável nem sentimentos relevantes. Geralmente, estamos calmos e indiferentes quando realizamos atividades habituais em uma situação conhecida; mas quando o equilíbrio no comportamento é rompido, surge de imediato uma reação forte e vivaz, a reação emocional. As emoções e a ansiedade surgem em nós sempre que o nosso equilíbrio é rompido.

Se essa ruptura se traduz em nosso fortalecimento e na superação das dificuldades com as quais nos confrontamos, sentimos emoções positivas: felicidade, orgulho, etc. Se, pelo contrário, o rompimento desse equilíbrio não nos beneficia, se as circunstâncias são mais fortes do que nós, e nos sentimos, em seu poder, conscientes da nossa impotência, fraqueza, fragilidade, surgem em nós emoções negativas: raiva, medo, tristeza. É perfeitamente compreensível que os períodos críticos da vida humana, os períodos em que há momentos de mudança e reestruturação interna da personalidade, sejam especialmente ricos em reações emocionais ou em sentimentos. A segunda parte da idade escolar é a época da maturação sexual e constitui-se como uma mudança, uma crise interna no desenvolvimento da criança, que se caracteriza pela intensificação e excitabilidade emocionais: como já aludimos, o equilíbrio entre a criança e o meio que a circunda rompe-se nessa idade devido à ocorrência de um fator novo, que até então não era percebido com tanta intensidade como agora.

Essa é a fonte da instabilidade emocional que explica, em certa medida, o fato de que ao aproximar-se dessa idade a criança substitui o desenho, sua forma favorita de atividade criativa no período pré-escolar, pela criatividade das palavras. A palavra permite expressar mais facilmente do que o desenho seus sentimentos mais complexos, especialmente os de natureza interior. A linguagem verbal também é melhor para expressar o movimento, a dinâmica e a complexidade de algum acontecimento do que o inseguro e imperfeito desenho da criança. Por isso o desenho infantil, que é uma atividade plenamente adequada aos estágios da relação simples e natural da criança com o mundo, é substituído pela palavra, meio de expressão correspondente a uma relação mais profunda e complexa com o seu mundo interior, em relação à vida e ao meio que a circunda. Surge então uma questão fundamental: que atitude devemos adotar diante dessa superemocionalidade típica dessa idade de transição? Como podemos avaliá-la? Como um fato positivo ou um fato negativo? Existe nela algo de patológico, que leva as crianças inevitavelmente ao isolamento, ao fechamento em si mesmas, à contemplação, à fuga da realidade, como o que vemos frequentemente nessa idade, ou tal emocionalidade pode ser um fator positivo, que enriquece infinitamente e alarga as relações da criança com o seu mundo exterior?

Nada de importante ou de grande na vida se faz sem sentir uma grande emoção.

"A educação artística", dizia Pistrak, "dá não tanto o conhecimento nem as aptidões, mas o tom da vida ou, melhor dizendo, o substrato para a atividade vital. As convicções que podemos assimilar na escola através dos conhecimentos apenas poderão criar raízes no psiquismo da criança quando essas convicções forem reforçadas emocionalmente. Não se pode ser um lutador convicto se no momento da luta não houver no cérebro imagens claras, fortes e inspiradoras para a luta; não se pode lutar contra o que é velho sem saber odiá-lo, e a capacidade para odiar é também emoção. Não se pode construir o novo com entusiasmo se não se sabe amá-lo com entusiasmo, e o entusiasmo é resultado de uma educação artística adequada."

F. Giese realizou antes da guerra uma investigação sobre a criação literária das crianças em diferentes idades. Teve acesso a mais de três mil trabalhos escritos por autores com idades compreendidas entre cinco e vinte anos. Esse estudo foi realizado na Alemanha e, por essa razão, os resultados não podem ser extrapolados para nós, uma vez que o estado de espírito, os interesses e todos os fatores dos quais depende a escrita criativa são diferentes daqueles com os quais Giese lidou em sua investigação. Além disso, seu estudo foi sucinto e, em grande escala, limitou-se a um exame geral e superficial dos contos e poesias infantis, identificando os estados de espírito e as formas literárias predominantes nas várias idades. No entanto, esses resultados podem ter para nós um interesse decisivo como primeira tentativa de análise geral da escrita criativa das crianças, e como dados em que se refletem determinadas características etárias que, sob uma forma ou outra, em uma ou outra condição, podem manifestar-se também entre nós.

Por fim, tais dados têm interesse porque nos fornecem material para comparação com os nossos dados. Os resultados que o autor cita mostram como variam os temas principais na prosa e na poesia dos meninos e meninas em função da idade. Experiências pessoais são pouco encontradas nas poesias dos meninos e das meninas; na prosa, pelo contrário, a temática pessoal ocupa um lugar dominante, o que é claro nos trabalhos dos jovens de catorze e quinze anos. Nessa faixa etária, para os meninos, a porcentagem de temas baseados em experiências pessoais subiu de 23,1% para 53,4%, e para as meninas, de 18,2% para 45,5%, isto é, aumentou mais do que o dobro, enquanto a porcentagem desses temas na poesia dos meninos e meninas de dezesseis e dezessete anos é nula. A proporção relativamente alta de temas extraídos da experiência pessoal das crianças mais novas é explicada pelo fato de Giese incluir nessa categoria todos os acontecimentos triviais, episódios do dia a dia, como, por exemplo, um incêndio, um passeio pela cidade, a visita a um museu, etc. Apenas 2,6% da prosa e 2,2% dos versos são relativos aos acontecimentos ocorridos na escola, o que demonstra o pouco interesse que os acontecimentos ocorridos nesse ambiente têm para a vida interior das crianças. Os temas eróticos, pelo contrário, estão mais representados na poesia do que na prosa; estes aparecem mais cedo nas composições das meninas do que na dos meninos, aos doze ou treze anos de idade. Enquanto para os meninos a porcentagem dessa temática é nula, para as meninas ela alcança a porcentagem de cerca de 36,3%, decaindo entre os catorze e os quinze anos e ressurgindo aos dezesseis e dezessete anos, predominantemente na escrita das meninas.

"O mundo dos contos de fadas", diz Giese, "é claramente o mundo da poesia feminina, que os rapazes ignoram."

É muito interessante observar a presença insignificante de motivos sociais na poesia e na prosa desses jovens autores alemães. Esses temas estão ausentes na poesia em todas as idades, enquanto na prosa alcançam uma porcentagem muito pouco significativa, constituindo cerca de 13,8% nos textos das meninas de doze e treze anos de idade. Chama a atenção para o crescimento dos temas filosóficos na poesia, o que, sem dúvida, se relaciona com o despertar do pensamento abstrato e o interesse por questões abstratas nessa idade. Por fim, os temas dedicados à natureza alcançam um coeficiente bastante alto nas poesias escritas por meninas e meninos.

As meninas de nove anos de idade dedicam a maior parte dos seus trabalhos a esse tema, e os meninos de treze e catorze anos de idade escrevem sobre a natureza em metade dos seus trabalhos. As crianças alemãs, sobretudo as meninas, dedicaram grande parte dos seus trabalhos aos temas religiosos. No entanto, esse tema aparece com menos frequência perto dos dezesseis anos de idade.

Os dados que comparam os temas e os pontos de vista das crianças nos seus trabalhos escolares e nos de criação livre são muito interessantes. Observamos que os mesmos temas estão distribuídos de maneira desigual nos dois tipos de escrita criativa: o tema heroico, por exemplo, que nos trabalhos escolares está representado em elevada porcentagem, cerca de 54,6%, reduz-se na escrita livre para 2,4%. Ao contrário, os temas eróticos e filosóficos ocorrem apenas em 3% das composições escolares, mas elevam-se a 18,2% e 29% nas composições livres. O mundo dos contos de fadas está representado nesse tipo de criação quinze vezes menos do que nas composições escolares. E, por fim, os designados temas restantes, ausentes na poesia escolar, estão representados em cerca de 28,1% nas composições livres. Também não coincide o humor das crianças mostrado nesses dois tipos de criação. Assim, por exemplo, nas composições escolares, encontramos temas tristes e sérios cinco vezes mais do que nos textos escritos fora da escola. Essa comparação tem uma importância significativa porque mostra até que ponto a escrita criativa da criança é estimulada e alterada pela ação de influências externas e a forma que ela assume quando é autogerada e autônoma.

A conclusão seguinte refere-se aos dados do humor predominante nas composições literárias analisadas por Giese. A partir desses resultados é fácil ver que raramente se encontram os estados de espírito de abatimento e de tristeza na criação literária das crianças e que, ao contrário, os estados de espírito alegres e divertidos prevalecem. Assim, se na poesia dos meninos esses estados de ânimo representam, respectivamente, 5,9% e 5,2%, na das meninas o sentimento de alegria aparece em 33,4%, e o de tristeza, apenas em 1,1%; na prosa, o divertido supera o triste em dez vezes entre os meninos, e para as meninas a proporção é semelhante. É evidente a percentagem insignificante de espírito aventureiro, devido, provavelmente, às dificuldades desse gênero para a escrita das crianças; do mesmo modo, os enfoques cômico e crítico são insignificantes, devendo-se possivelmente à notável escassez de temas satíricos. Mas é importante assinalar que o ânimo predominante é o fator que mais se modifica na escrita criativa das crianças e, por isso, os exemplos referidos devem ser apenas considerados indicadores genéricos dentro dessa problemática.

Seria desejável que a escrita criativa das crianças fosse também estudada entre nós, evidenciando desse modo quais os temas e os enfoques predominantes nas suas composições. Os dados seguintes caracterizam as formas literárias mais frequentes na criação infantil.

Como era esperado, o mais frequente é o relatório ou o ensaio, quer dizer, a escrita de comunicação prática; em segundo lugar, está a história e, em terceiro lugar, o conto. A porcentagem de trabalhos relacionados com o drama (0,1%) e a escrita de cartas (1,9%) é extremamente baixa. Esse fato se explica porque essas são a formas mais naturais da escrita infantil, no seu sentido psicológico, e as menos cultivadas na educação tradicional da criança. Os dados sobre a forma gramatical e o volume das composições infantis não deixam de ter interesse. Com a idade, aumenta a extensão dos trabalhos das crianças. Uma avaliação do número médio de sílabas na poesia e na prosa dos meninos e meninas de várias idades mostrou que o aumento do tamanho das composições está diretamente relacionado com seu conteúdo. Shneyerson, ao estudar a criatividade infantil, concluiu que nem o drama nem a poesia são formas naturais de criação para a criança. No seu entender, se encontramos essas formas na criação infantil é porque elas são fundamentalmente o resultado de influências externas. Por outro lado, em sua opinião a prosa é o gênero mais característico da criação infantil. Os dados de V. P. Vakhterov sobre essa questão geraram os seguintes resultados: 57% das crianças estudadas escreviam em verso, 31%, em prosa, e 12% escreviam em forma de diálogo. É sabido que a riqueza das formas gramaticais da linguagem infantil é um fator muito importante para a apreciação da expressão literária infantil. Os psicólogos há muito tempo distinguiram a linguagem não gramatical da criança como um período especial e particular do desenvolvimento da linguagem infantil.

De fato, a ausência das formas gramaticais na linguagem é um sinal claro de que, no pensamento verbal da criança e na sua representação, faltam as indicações relativas às relações e associações entre os objetos e os fenômenos, uma vez que são as formas gramaticais, os signos que refletem essas associações e relações. É por isso que o período do surgimento das orações subordinadas no discurso da criança, segundo Stern, assinala a entrada na quarta e mais elevada fase do desenvolvimento do discurso, porque a presença das orações subordinadas põe em evidência o domínio pela criança de relações complexas entre diferentes fenômenos. V. P. Vakhterov, que se dedicou à análise desse aspecto do discurso da criança, chegou aos seguintes resultados. Seu estudo identifica duas etapas: a dos quatro aos oito anos de idade e a dos nove aos doze anos e meio. Nessas etapas as crianças utilizam as declinações de modo diferente. É fácil observar a partir desses dados que, à medida que a criança se desenvolve, aumenta o uso de declinações indiretas, o que é a demonstração clara de que ela passa a uma etapa da compreensão das relações que a declinação transmite na forma gramatical. A análise do discurso da criança do ponto de vista do uso que ela faz dos elementos da oração conduz a uma conclusão semelhante.

De novo, os dados dessa análise mostram-nos que a criança aumenta o uso dos elementos gramaticais como circunstâncias determinativas e complementares de lugar, tempo, etc. "O desenvolvimento intelectual da criança – dizia Vakhterov – não se caracteriza apenas pela quantidade e qualidade dos conceitos, mas principalmente pela quantidade e qualidade das relações entre esses conceitos. Quanto mais desenvolvida for a criança, maior é o número de conceitos e ideias que ela pode juntar em um conjunto harmônico. O tempo presente, e especialmente o futuro, são mais utilizados nas crianças de menor idade do que nas de maior idade. O uso do passado aumenta com a idade. Quanto mais nova é a criança, mais ela vive, aparentemente, na esfera do esperado, previsto e desejado, assim como no terreno do presente vivo e imediato (...)

Mas, na medida em que a vida da criança se torna mais longa, mais frequentemente ela recorre às experiências vividas, e então deparamo-nos com o fenômeno contrário: em sua expressão verbal há menos alusões ao presente e ao futuro do que ao passado."

Todos os pesquisadores são unânimes quando dizem que as crianças de idade mais precoce usam muito frequente e profusamente os pronomes pessoais. Shlag diz: "Se as crianças de 7 a 8 anos repetissem cada palavra, em média, cinco vezes e meia, então o pronome pessoal na 1ª pessoa seria pronunciado cem vezes mais – 542 vezes e os pronomes pessoais na segunda pessoa com uma frequência 25 vezes maior – 135 vezes." Gaupp ressalta que as crianças dos quatro aos seis anos de idade, quanto mais desenvolvidas forem, com maior frequência utilizarão as orações subordinadas. Alguns autores propõem dividir em três períodos o desenvolvimento da criatividade infantil: o primeiro período é o da expressão oral, que se estende dos três aos sete anos de idade; o segundo período é o da expressão escrita, que se estende dos sete à adolescência; e, por fim, o período literário, que se estende da adolêscencia à juventude. É preciso dizer que, no fundamental, essa divisão corresponde de fato à realidade, uma vez que, como já sublinhamos, o desenvolvimento do discurso oral ocorre mais cedo do que o desenvolvimento da linguagem escrita. No entanto, é muito importante notar que essa superioridade da linguagem oral sobre a linguagem escrita continua depois de o primeiro período da expressão oral ter terminado. No seu desenvolvimento subsequente, as crianças expressam-se oralmente com muito mais brilho e vigor do que através da escrita.

A transição para a linguagem escrita imediatamente obscurece e dificulta a sua expressão. O pesquisador austríaco Linke chegou à conclusão de que se comparássemos as produções escritas e orais das crianças, constataríamos que o modo como uma criança de sete anos escreve é equivalente ao modo como uma criança de dois anos fala, isto é, o desenvolvimento da linguagem recua para um nível inferior ao passar para uma forma de expressão mais difícil. É um fato extremamente notável que as composições das crianças camponesas, que Tolstói tanto admirava, não eram mais do que exemplos da sua expressão verbal. As crianças falavam, e Tolstói escrevia o que elas diziam e, nas suas notas, registrava todo o encanto do discurso oral infantil. Nessas histórias revela-se ainda uma característica original e importante da criação infantil a que alguns autores chamam sincretismo, que consiste no fato de a criação infantil não estar ainda muito diferenciada em comparação com as várias modalidades artísticas, nem em função das diferentes formas literárias; os elementos da poesia, da prosa e do drama na produção infantil unem-se num todo.

O processo da escrita criativa que Tolstói descreveu está muito próximo, pela sua forma, do teatro. A criança não apenas ditou a história, mas também a descreveu e representou os protagonistas da própria história. Nessa ligação entre a linguagem literária falada e a arte teatral, como veremos adiante, está alicerçada uma das mais originais e produtivas formas de criação artística na infância.

Um exemplo interessante de expressão verbal foi-nos dado pelo Professor Soloviov. Diz ele que o discurso escrito de uma criança em idade escolar é "muito mais pobre e esquemático" do que o discurso oral. É como se fossem dois tipos de narrações diferentes. Uma camponesa de oito anos e meio, ainda que fosse capaz de escrever, nunca escreveria de modo a corresponder cabalmente aos seus pensamentos. Depois de ter sido perguntado na escola o que as crianças gostavam de fazer em casa, respondeu: "Eu gosto de varrer o chão, quando começo a varrer o chão, o lixo voa, muito lixo voa e divirto-me com o lixo voando, é como se ele estivesse lutando." Nesse discurso vivo da criança está muito bem expressa a sua vivacidade emocional.

A. Busemann realizou uma investigação completa sobre o modo como a atividade infantil é revelada na criação literária e determinou um coeficiente específico de atividade que expressa a correlação entre as atividades e os valores quantitativos encontrados nas composições orais e escritas das crianças. Esse indicador de atividade mostrou-se mais elevado nos meninos de seis a oito anos e nas meninas entre três e nove anos. Na faixa dos nove aos dezessete anos, esse indicador foi maior aos nove e aos treze anos.

A comparação entre o discurso oral e o escrito levou Busemann à conclusão mais importante da sua investigação: "O discurso oral tende mais para a atividade, enquanto o discurso escrito tende para um estilo descritivo."

Essa conclusão é confirmada pela duração das expressões orais e escritas. O discurso oral é muito mais rápido do que o escrito; em quatro ou cinco minutos as crianças diziam aquilo que só em quinze a vinte minutos conseguiriam dizer no discurso escrito. Essa lentidão do discurso escrito deve-se não apenas à quantidade mas também à qualidade das mudanças, porque, como resultado dessa lentidão, as produções literárias infantis desenvolvem um novo estilo e um novo caráter psicológico. A atividade que estava no primeiro plano do discurso oral recua para um plano secundário, sendo substituída por uma descrição mais detalhada do objeto descrito, enumerando-se suas qualidades, características, etc.

A atividade no discurso infantil é só um reflexo da atividade geral da idade. Alguns autores calcularam a quantidade dos conceitos relacionados com a ação nas histórias das crianças. Exemplos desses cálculos podem ser vistos em diferentes relatórios que enumeram a frequência dos objetos, das ações e dos traços peculiares que ocorrem nas histórias de crianças em diversos níveis de escolaridade. A partir desses dados depreende-se facilmente que, nas histórias infantis, aparecem com maior frequência as ações, com menor frequência os objetos e, ainda mais raramente, as características particulares dos objetos.

É necessário no entanto fazermos aqui uma ressalva em relação à influência do discurso dos adultos, das suas formas literárias, na linguagem escrita das crianças. É sabido como as crianças são contagiadas pela imitação. É assim compreensível que seja enorme a influência do estilo literário dos livros nas crianças, o que frequentemente obscurece as verdadeiras características da sua linguagem escrita. Nesse sentido, o estilo mais puro é o das crianças camponesas órfãs e outras que, de modo geral, foram menos influenciadas pelo estilo do adulto. Damos alguns exemplos tomados das autobiografias das crianças abandonadas, em que se observa grande semelhança entre seu estilo e o estilo de seu discurso verbal. Uma dessas crianças, Semeon Vekshin, de quinze anos de idade, escreveu:

"Eu tinha então doze anos, o meu irmãozinho dez anos, e sofríamos porque não tínhamos pai e mãe. Como eu era o mais velho, tinha às vezes de cozer o pão, levantava-me de manhã cedo, queria dormir, mas não, olho para mim e começo a trabalhar. Vejo as crianças, brincam, fico desgostoso porque os outros que têm pai e mãe são livres e brincam. E assim trabalhei e sofri até ao ano de 1920."

Outra criança abandonada escreveu:

"Antes eu tinha pais. Agora fiquei sem eles. É mau não ter pais. Eu tinha uma casa. Tinha um cavalo e uma vaca. Agora não tenho nada. Em casa ficaram três ovelhas, dois porcos e cinco galinhas. Acabei."

Nesse sentido, em geral, quanto mais nova a criança, mais a sua escrita reflete as características do discurso infantil e se distancia do discurso dos adultos. Como exemplos citaremos duas composições infantis curtas: uma foi escrita por um menino de treze anos de idade, filho de um trabalhador, e a outra, por um menino de doze anos de idade, filho de um tanoeiro. O primeiro texto é sobre a chegada da primavera:

"Depois da neve, depois dos sombrios dias de inverno, o Sol espreitava-nos através da janela com raios primaveris. A neve começou a derreter, os riachos corriam por todo lado e a primavera na sua beleza aproximava-se trazendo-nos alegria. Eis que o mês de maio chegou e a relva verde despontou, em todos nós surgiu uma nova alegria."

A outra composição era sobre o tema "À espera":

"Na montanha, no penhasco sobre o Volga, abrigava-se uma cabana de um pescador, negra como o breu. As madeiras apodreceram. O vento levantava o telhado de palha e no interior da cabana soava o grito do vento; esperavam a volta do pescador. O dia estava chegando ao fim. O ar estava frio. No horizonte levantavam-se nuvens, nuvens cor de chumbo. Levantou-se o vento. O rio Volga começou a agitar-se e o pescador não chegava. Mas, de repente, apareceu uma mancha, que crescia. Chegou ao penhasco, era um barco e nele vinha o pescador."[2]

Nessas histórias sobressai de modo claro o sincretismo da escrita da criança. Nelas, a prosa está mesclada com a poesia. Algumas frases são rigorosamente cadenciadas, e outras são fundadas num ritmo livre. É uma forma não diferenciada, semiprosa e semipoética, que ocorre com frequência na escrita das crianças dessa idade. Citaremos também um exemplo composto somente em prosa. O autor é um menino de doze anos de idade, filho de um operário.

"A maior floresta é a taiga. Os pinheiros altos não deixam penetrar o sol. É enorme como o mar; por onde quer que vás há floresta e floresta. Do Lago Ladoga até às montanhas do Ural são 1500 quilômetros. Se entrares no matagal não chegarás. Ali no inverno é frio. A neve é tanta que não se consegue passar nem

---

[2] Esses exemplos da expressão literária infantil, como outros fragmentos que apresentamos, foram retirados, na maior parte, do livro do professor I. M. Soloviev – *Criação literária e a linguagem das crianças em idade escolar* [*Literaturnoe tvorchestvo i iazyk detei shkol'nogo vozrasta*] (1927).

chegar e no verão faz tanto calor como aqui. As crianças apanham cogumelos e frutos silvestres, as pessoas só têm medo dos animais selvagens. A floresta tem linces, ursos, lobos, alces, etc."
Nesse caso, a tarefa prosaica de descrever a região florestal ditou à criança uma forma de narração em prosa. No entanto, os temas emocionais que entusiasmam as crianças são transmitidos em prosa com um estilo calmo e tranquilo, como este relato sobre um incêndio escrito por um menino de doze anos, filho de um operário.
"Anoitecia, ouvia-se ainda a debulhadora apitar e as vozes dos homens. De repente tocou o sino e todos correram para suas casas. Fez-se um silêncio absoluto. Mas no bosque ouvia-se o mugir das vacas e a voz alta do pastor, que ao passar perto da debulhadora deixou cair uma ponta de cigarro. O fogo se espalhou rapidamente e no meio da noite surgiu a chama da palha. Tocou o sino. O povo correu levando água para apagar o fogo. As crianças gritavam e choravam. Toda a aldeia estava de pé. Depois de apagado o fogo todos recolheram-se para suas casas, desolados porque tinham perdido todos os seus grãos."

Como exemplo da criação coletiva infantil, podemos citar uma história apresentada numa exposição do Instituto Pedagógico em 1925/1926. Esse trabalho é de autoria de crianças do quinto ano de uma das escolas de Moscou, com idades entre os doze e os quinze anos. Ao todo são sete os autores, seis meninas e um menino, que foi o responsável pelo plano geral e pela redação da composição, sob o tema "A história do vagão número 1243 contada por ele mesmo". Esse tema surgiu por iniciativa das próprias crianças ao estudar a indústria.

Nesse trabalho coletivo infantil, as crianças manifestam todas as características fundamentais da criação literária infantil: a fantasia combinatória, atribuindo sentimentos e experiências humanas ao material de que era feito o vagão e ao próprio vagão; o enfoque emocional que leva as crianças não apenas a compreender e a imaginar a história do vagão, mas a identificar-se com ela, a traduzi-la numa linguagem dos sentimentos, assim como encarnar essa imagem emocional e figurada em uma forma verbal exteriorizada de modo a poderem concretizá-la. É fácil vermos em que medida a criação infantil se alimenta das impressões originadas na realidade exterior, como as reelabora e como leva as crianças a uma compreensão mais profunda da realidade. No entanto, é também fácil ver nessa história um traço comum a toda criação infantil, que é principalmente a imperfeição da sua atividade criadora – isso se a olharmos a partir da perspectiva das exigências que temos em relação à verdadeira literatura.

"Os trabalhos criativos das crianças", diz G. Révész, "tanto pelo seu conteúdo como pela sua técnica, são na sua maioria primitivos, imitativos, de valor desigual e desprovidos de uma intensificação gradual."

Esse trabalho criativo é mais importante para a criança do que propriamente para a literatura. Seria incorreto e injusto tratar a criança como se fosse um escritor e exigir dos seus trabalhos aquilo que se exige do escritor profissional. A escrita da criança está para a escrita dos adultos assim como o jogo da criança está para a vida. O jogo é necessário para a criança, tal como o é a escrita, principalmente, para o desenvolvimento do próprio autor, do meio em que a criança nasceu e em que vive. Isso não significa, de modo algum, que a criatividade da criança deva surgir apenas espontaneamente, partindo dos seus próprios impulsos interiores, nem que todas as manifestações dessa atividade artística sejam completamente idênticas ou devam satisfazer somente ao seu gosto subjetivo. No jogo, o mais importante não é o prazer que a criança sente ao jogar, mas a utilidade objetiva e o significado objetivo do jogo, ainda que seja inconsciente para ela. Esse significado, como é notório, consiste no exercício e no desenvolvimento de todas as capacidades reais e embrionárias que existem nas crianças. Do mesmo modo, a criação literária pode ser estimulada e orientada e deve ser avaliada a partir de seu significado objetivo para o desenvolvimento e educação da criança. Tal como ajudamos as crianças a organizar os seus jogos, escolhemos e orientamos a sua atividade lúdica, também podemos estimular e orientar a sua habilidade artística. Há muito tempo os psicólogos estabeleceram um conjunto de procedimentos e técnicas que servem a um objetivo: o de despertar experimentalmente as habilidades criativas da criança. Para essa finalidade dão-se às crianças tarefas especiais ou temas, ou se expõem as crianças a uma série de estímulos musicais, pictóricos, tomados da realidade, etc. com o objetivo de estimular a criatividade literária. No entanto, todas essas técnicas padecem de uma artificialidade extrema e todas servem a um único objetivo para o qual foram criadas, ou seja, o de causar uma reação nas crianças que possa servir como um bom material de estudo.

Precisamente em função do interesse de seu estudo, essa reação deverá ser evocada por um estímulo simples, bem conhecido pelo psicólogo, para que este possa controlar a reação criativa. Isso é completamente diferente das tarefas oferecidas pela estimulação pedagógica da criação infantil, e, por serem distintas as tarefas, são também diferentes os procedimentos. O melhor estímulo para a criação artística infantil consiste em organizar a vida e o contexto social das crianças de tal modo que criem a necessidade e a possibilidade da criação infantil. Como exemplo, podemos citar as revistas e os murais infantis.

"As revistas, se forem bem organizadas", diz Zhurin, "combinam mais capacidades do que qualquer outra atividade. As mais diversas capacidades das crianças podem ser aqui aplicadas: as crianças que gostam de pintura e de desenho pintam e ilustram; as que têm tendência para a literatura escrevem; os que gostam de organizar dirigem as reuniões e distribuem o trabalho; os que gostam de copiar, colar e recortar, e que são a maioria, se dedicam com prazer a essas atividades. Em uma palavra, na elaboração de uma revista podemos encontrar ocupação para diversas capacidades e interesses das crianças. Os mais velhos e os mais capazes arrastam atrás de si os menos hábeis. E tudo isso se realiza naturalmente, sem qualquer pressão externa.

A revista pode desempenhar um papel importante no desenvolvimento da linguagem escrita da criança. É bem conhecido que o trabalho que as crianças realizam com interesse e por vontade própria traz melhores resultados do que quando são obrigadas a fazê-lo."

O maior valor da revista, em certa medida, reside no fato de que ela insere a escrita criativa da criança na sua própria vida e, assim, as crianças começam a compreender por que as pessoas têm necessidade da escrita. A escrita torna-se para elas uma atividade com sentido e uma tarefa imprescindível. Os murais escolares têm a mesma importância, ou até maior, pois permitem também juntar em um esforço coletivo os trabalhos de diferentes tendências das crianças e formas semelhantes de trabalho que estimulam a criatividade e a inventividade.

Já falamos que uma das formas primárias da criatividade da criança é o sincretismo, isto é, a forma em que não se distinguem ainda a poesia e a prosa, a narrativa e o texto dramático. Desse modo nos referimos ao sincretismo literário das crianças que não distinguem os gêneros artísticos. Mas nas crianças existe ainda um sincretismo mais amplo, que consiste sobretudo na união de diferentes modalidades artísticas numa única ação artística. A criança inventa, compõe e imagina tudo aquilo de que fala, como acontecia com as crianças de que falava Tolstói.

A criança desenha e fala ao mesmo tempo sobre o que está desenhando. A criança representa um personagem e compõe o texto para esse personagem. Esse sincretismo aponta para a raiz comum a partir da qual se separaram todos os gêneros da arte infantil. Essa raiz comum é representada pelo jogo infantil, que serve de etapa preparatória para a criatividade artística. Mas mesmo quando, dessa raiz comum do jogo sincrético geral, se diferenciam formas independentes, mais ou menos autônomas, da criação das crianças, como o desenho e a dramatização da composição escrita, mesmo nesses casos, cada uma das formas não é totalmente independente das outras, mas absorve e assimila ativamente os elementos das outras formas.

Uma das características da criação infantil é que nela encontramos os traços dos jogos dos quais ela se originou. A criança raramente trabalha durante muito tempo sobre a sua própria obra, e na maioria das vezes completa-a num único momento. O esforço criativo infantil lembra, nesse caso, o jogo que surge a partir de um desejo urgente da criança e proporciona, na maioria das vezes, uma descarga rápida e completa de seus sentimentos.

Um segundo vínculo com os jogos consiste no fato de, tanto na criação literária infantil como nos jogos, a criança ainda não ter rompido a ligação com seus interesses e a sua experiência pessoal. Bernfeld investigou as novelas escritas por adolescentes dos catorze aos dezessete anos de idade. Em todas as novelas, como refere o autor, há uma marca profunda da vida privada dos autores, algumas delas representam uma autobiografia dissimulada, outras modificam, em grande medida, a base pessoal da narrativa, sem que, no entanto, ela desapareça completamente do seu trabalho. Baseando-se nesse subjetivismo da criação infantil, muitos autores afirmam que já na infância podemos distinguir dois tipos de escrita, a subjetiva e a objetiva. Essas duas características da escrita infantil podem ser encontradas no período de transição, na adolescência, pois são o reflexo do ponto de virada que a criatividade imaginativa infantil experiencia, passando do tipo subjetivo para o objetivo. Em certas crianças os traços do passado podem ser mais expressivos; em outras, serão mais marcados os traços futuros da imaginação.

Não há dúvida de que esse fato está diretamente ligado às características individuais de determinada criança. Tolstói identificava-as por referência aos dois tipos que correspondem à imaginação plástica e emocional, segundo a definição de Ribot. Seu personagem Semka destacava-se pelo seu tipo de criatividade plástica, que produzia uma narrativa caracterizada pela sua descrição artística, em que os detalhes mais fiéis se sucediam uns aos outros.

"Ao narrar, Semka via e descrevia tudo o que estava perante os seus olhos: o calçado tosco de casca de bétula fria, coberto de gelo e de lama, que escorria quando o gelo derretia, e se transformavam em carvão quando a velha os atirava na lareira." A sua imaginação reproduzia e combinava as imagens visuais exteriores e construía a partir delas um quadro novo. Ao contrário, Fedka criava combinando principalmente os elementos emocionais e lhes atribuía imagens externas. Ele "via apenas aqueles detalhes que lhe evocavam os sentimentos com que olhava para um rosto familiar". As impressões que selecionava, com base em uma emoção comum, eram exclusivamente aquelas impressões que correspondiam à emoção predominante que o dominava: o sentimento de pena, de compaixão e comoção. Alfred Binet chamou a esses dois tipos o "observador" e o "imaginativo" e considerou que esses dois tipos poderão ser encontrados, em igual proporção, entre os artistas e os homens de ciência, como entre os adolescentes.

Binet estudou os trabalhos artísticos de duas meninas de onze e doze anos e meio, uma das quais era do tipo criativo objetivo e a outra do tipo subjetivo.

O professor Soloviev, ao analisar a criação artística de dois adolescentes, mostrou em que medida o fato de pertencer a um ou a outro tipo determina todos os detalhes e os pormenores do relato da criança. Isso reflete-se tanto na escolha dos epítetos, isto é, dos qualificativos, das próprias imagens, como dos sentimentos nos quais elas estavam imbuídas. Eis alguns dos modelos de epítetos que encontramos na criação artística de meninas do tipo objetivo: a neve é fofa, branca, prateada e limpa. Uma violeta é azul, uma borboleta, colorida, as nuvens são ameaçadoras, não frias, as espigas douradas, o bosque, perfumado, escuro, o sol, vermelho e claro, dourado e primaveril. Tudo isso corresponde às impressões e percepções reais, tudo nos proporciona um quadro visual das coisas. O mesmo não ocorre com a outra menina. Seus epítetos, com toda a sua expressividade e visualidade, são sobretudo emocionais: a tristeza sem esperança, os pensamentos sombrios e assustadores como abutres.

Resta concluir. Quem observou com cuidado a criação literária da criança poderá se perguntar: qual é o seu sentido se ela não for capaz de alimentar na criança um futuro escritor, um criador, ou se ela não for mais do que apenas um curto e episódico fenômeno no desenvolvimento do adolescente, que mais tarde se desvanece e, por vezes, desaparece completamente? O sentido e o significado dessa criatividade residem no fato de ela permitir à criança dar uma guinada no desenvolvimento da imaginação criativa, imprimindo uma nova direção à sua fantasia que permanecerá para o resto da vida. O seu sentido reside no fato de ela aprofundar, ampliar e aperfeiçoar a vida emocional da criança que, pela primeira vez, é despertada e dirigida para uma ação séria; por último, seu significado reside no fato de que permite à criança, ao exercitar seus impulsos e hábitos criativos, dominar a linguagem humana, a ferramenta mais sutil e complexa para formular e transmitir os pensamentos humanos, seus sentimentos, o mundo interior do homem.

Capítulo 7

A criatividade teatral na idade escolar

A criatividade teatral ou a dramatização é o que mais se aproxima da criatividade literária da criança. Juntamente com a criatividade verbal, a dramatização ou a representação teatral é o gênero mais frequente e comum da criação artística infantil. E pode-se compreender e explicar por que essa forma agrada mais às crianças por dois aspectos fundamentais: em primeiro lugar porque o drama se baseia nas ações e em fatos que são obras da própria criança e, desse modo, relaciona de modo imediato, eficaz e direto a criação artística com as experiências vividas pela criança.

"A dramatização como forma de expressão das impressões vividas", diz Anna Petrova, "está profundamente enraizada na natureza da criança e expressa-se de modo espontâneo, independentemente dos desejos dos adultos. As crianças mimetizam as impressões externas que apreendem do meio que as cerca. Através do instinto e da imaginação, a criança cria as situações e o ambiente que ela própria nunca experimentou e que usa para concretizar seus impulsos emocionais (heroísmo, valentia, generosidade). As fantasias infantis não se restringem à esfera dos sonhos, como ocorre nos adultos. Tudo o que pensa e sente, a criança quer concretizar em imagens vivas e em ações."

Na forma dramática de representação teatral está expresso, de modo claro, o ciclo completo da imaginação sobre o qual falamos no primeiro capítulo. Aqui, as imagens criadas a partir de elementos da realidade concretizam-se e materializam novamente a realidade, ainda que de modo condicional; o anseio para a ação, representação e concretização, que está presente no próprio processo da imaginação, encontra-se aqui realizado plenamente. A criança que pela primeira vez vê um trem, dramatiza a sua representação, brinca que é uma locomotiva, bate, apita, tentando imitar o que viu, e experimenta uma grande satisfação ao fazê-lo. A autora que acabamos de citar relata a história de um menino de nove anos de idade que, depois de ver uma escavadeira, "não conseguiu sossegar durante vários dias, brincando e representando aquela máquina. Até o máximo de suas possibilidades, ele fez do seu corpo uma roda, de modo frenético agitava os braços com as mãos dobradas, que representavam as pás presas às rodas para recolher a terra. Apesar do cansaço provocado por esse exercício físico, o menino continuou fazendo-o durante um longo passeio pela cidade e constantemente repetindo-o em casa e no pátio. Os 'riachos' que corriam nas ruas inspiravam-no ainda mais, pois ele imaginava que estava limpando os 'canais' e o leito dos 'riachos'. A criança parava apenas para fazer o papel do operador que conduzia a máquina, mudando-a de direção, levando-a para 'a limpeza de um novo riacho' e, depois, redobrando seu esforço, transformava-se novamente numa roda representando 'a incansável máquina escavadora, agitando as suas pás'.
Uma outra menina, enterrando os pés na areia, e ficando imóvel com os braços ao longo do corpo, dizia: 'Eu sou uma árvore. Vês como eu cresço? Estes são os ramos e aqui as folhas', e a criança levantava lentamente os braços, abrindo e fechando os dedos. 'Vês como o vento me balança?', e a 'árvore' começa a inclinar-se e a agitar os seus dedos-folhas".

Outra causa da proximidade da criança com a dramatização é a ligação entre esta e a brincadeira. A representação teatral está mais próxima e mais diretamente ligada às brincadeiras do que qualquer outra forma de expressão artística. Ela é a raiz de toda a criatividade infantil e por isso é a mais sincrética, isto é, contém em si elementos das várias modalidades de expressão artística. E é por isso, sem dúvida, que a representação teatral infantil tem um enorme valor, pois é fonte de inspiração e de material para os diferentes aspectos da criatividade infantil. As próprias crianças compõem, improvisam ou preparam a peça, ensaiam os papéis ou, às vezes, encenam alguns excertos de material literário de antemão já existente. Essa criatividade verbal da criança é compreendida e sentida como uma necessidade pelas crianças, porque assume um sentido e é uma parte do todo; é como uma preparação ou parte integrante de um jogo completo e fascinante. A preparação do vestuário, das decorações e outros estimula a imaginação e a criatividade técnica das crianças. As crianças desenham, modelam, cortam, costuram, e essas ocupações assumem um significado e um objetivo, como que fazendo parte de um todo pelo qual as crianças têm interesse. Por fim, a própria brincadeira, ao envolver a apresentação real da peça pelos atores, conclui todo esse trabalho, dando-lhe uma expressão final, completa e definitiva.

"Os exemplos citados", diz Petrova, "são suficientes para demonstrar o quanto a expressão teatral do mundo é própria das crianças. As brincadeiras são a escola da vida da criança e a educam física e espiritualmente. O seu significado é enorme para a formação do caráter e da visão de mundo do futuro adulto. Podemos considerar a brincadeira como sendo a primeira forma dramática caracterizada pela valiosíssima peculiaridade que une o ator, o espectador, o autor da peça, o cenarista e o técnico em uma mesma pessoa. Nele, a criatividade da criança assume um caráter de síntese: os domínios intelectual, emocional e volitivo são estimulados diretamente pela força natural da própria vida, sem estímulo externo, sem nenhuma tensão excessiva do seu psiquismo."

Alguns pedagogos são terminantemente contra a criação teatral das crianças. Eles apontavam para o perigo dessa modalidade expressiva no desenvolvimento precoce da vaidade infantil e para a natureza não natural do teatro, etc. E, na verdade, as atividades teatrais que tentam reproduzir as formas do teatro adulto constituem-se em atividades pouco recomendáveis para a criança. Começar com um texto literário, memorizar palavras criadas por outras pessoas, que nem sempre coincidem com o entendimento da criança e com os seus sentimentos, constrange a criatividade infantil e torna a criança um mero repetidor do texto e das palavras alheias. É por isso que as peças escritas pelas próprias crianças, ou criadas e improvisadas por elas, estão mais próximas do entendimento das próprias crianças. Aqui podemos incluir as mais variadas formas e diferentes graus, desde o texto literário, elaborado e trabalhado antecipadamente, até a simplificação dos papéis, que a própria criança deve improvisar no desenrolar do jogo dramático, ajustando-os a novos textos literários. Tais peças serão sem dúvida menos perfeitas e menos literárias do que as peças preparadas e escritas pelos adultos, mas terão a grande vantagem de terem sido criadas pelas próprias crianças. Não se deve esquecer que a lei básica da criatividade infantil consiste em que o seu valor não reside no resultado, no produto da criação, mas no próprio processo. O mais importante não é o que as crianças escreveram, mas o fato de que elas mesmas foram autoras, criadoras, exercitando sua imaginação criativa e sua materialização. Nas verdadeiras produções infantis, tudo, desde o pano de cena ao desenrolar do drama, deve ser feito pelas mãos e pela imaginação das próprias crianças. Apenas desse modo a representação dramática adquire importância e significado plenos para a criança.

Como já foi dito, em torno da representação teatral se combinam e entremeiam as diferentes formas da criatividade infantil: técnica, cênica e artística, verbal e dramática no sentido pleno da palavra. O valor intrínseco dos processos criativos da criança revela-se com extraordinária clareza pelo fato de os fatores auxiliares, como, por exemplo, o trabalho técnico de preparação da cena, assumirem para a criança um significado tão importante como a própria peça teatral e a sua representação em cena. Petrova descreve a realização de uma peça de teatro na escola e o interesse manifestado pelas crianças pela parte técnica do trabalho relacionado com a encenação da peça.

"Para se abrir um buraco", dizia ela, "precisamos de um equipamento, que nem sempre se encontra no instrumental escolar – como é o caso de uma furadeira. O processo de furar é de fácil acesso às crianças pequenas; as crianças pré-escolares ensinaram-me essa operação técnica simples. A furadeira que, casualmente, eu trouxe criou um momento importante na vida do próprio grupo: as crianças fizeram buracos em cubos grossos e em pranchas de madeira, que depois ligavam com pauzinhos em diversas combinações. Dos buracos nasceram florestas, jardins e cercas. A furadeira aos olhos das crianças era um milagre da técnica (...)"

Da mesma forma que na obra teatral, deve-se deixar que as crianças produzam toda a encenação do espetáculo. Impor a elas um texto alheio prejudica-as em sua psicologia infantil. Do mesmo modo, o objetivo e o caráter principal da peça devem estar ao alcance da compreensão e dos sentimentos das crianças. As crianças relacionarão e combinarão todas as formas exteriores do teatro dos adultos, transportadas mecanicamente para a cena infantil; a criança é um mau ator para as outras crianças, mas é um excelente ator para si mesma, por isso, todo o espetáculo deve ser organizado de tal modo que elas sintam que atuam para si e sejam envolvidas por seu interesse pelo enredo da peça, pelo próprio desenrolar do evento, e não pelo resultado final. A grande recompensa deve ser o prazer que o espetáculo proporciona à criança pela sua preparação, pela representação teatral, e não pelo sucesso e pelos aplausos dos adultos.

Do mesmo modo que as crianças ao escreverem uma peça literária devem compreender por que escrevem e estar cientes do objetivo subjacente à escrita, assim também em sua produção teatral elas devem ter um objetivo bem definido.

"O teatro dos pioneiros", escreve G. Rives, "não consiste na representação pela representação, mas tem sempre um objetivo bem determinado, como, por exemplo, ilustrar um acontecimento revolucionário ou um fato político importante, e a sua representação cênica deve ser o ápice do trabalho realizado no período precedente; todo o teatro de pioneiros, ao mesmo tempo que visa esse objetivo concreto, não pode renunciar à sua função de educação estética; todo o teatro dos pioneiros, além de seu objetivo propagandístico, deve conter certos aspectos de criação artística."

Próximo do teatro infantil como forma de expressão artística encontra-se o contar histórias, ou seja, a criatividade verbal da criança dramatizada no sentido mais estrito da palavra. O pedagogo e educador A. V. Chicherin descrevia uma das produções infantis do seguinte modo:

"Algumas mesas estavam agrupadas e em cima delas havia bancos; em um lugar qualquer colocaram uma chaminé de papelão com uma bandeira, uma tábua estendida como passarela, e as pessoas entravam no barco. Ali, dois rapazes que fugiam para a América esgueiravam-se silenciosamente no porão do barco (embaixo da mesa). Ali encontravam-se também maquinistas e foguistas e, na parte superior, o timoneiro, o capitão, os marinheiros, os passageiros (...) O vapor apita, retira-se a passarela e ouve-se o som compassado das máquinas, enquanto as pessoas no convés balançam no ritmo das ondas. Além disso, atrás do cenário balançava um quadro em que se escreveu: 'Mar'. A principal importância desses objetos auxiliares não consiste em suscitar a ilusão do espectador alheio ao jogo, mas no fato de que o jogo, mesmo assimilando de modo ousado qualquer tema, pode ser colocado em movimento, pode ser realizado como uma animação."

Esse espetáculo-jogo está muito próximo da dramatização, de modo que, frequentemente, as fronteiras entre um e outro se desvanecem completamente. Sabe-se que alguns pedagogos introduzem as dramatizações e o jogo dramático como método de ensino. Essa forma ativa de expressão através do próprio corpo corresponde à natureza motora da imaginação plástica da criança.

Capítulo 8

O desenho na infância

O desenho, como já mencionamos, é a forma preferencial de atividade artística das crianças em idade precoce. À medida que a criança vai crescendo e se aproxima da adolescência, geralmente ela vai perdendo o interesse pelo desenho. Herman Lukens, ao descrever os resultados de suas pesquisas sobre o desenho infantil, relaciona esse desinteresse pelo desenho com crianças de idade entre dez e quinze anos. Depois dessa fase, o gosto para o desenho é novamente retomado entre os quinze e os vinte anos, mas esse renascimento da criatividade plástica surge apenas nas crianças com talento artístico. Quando o desinteresse surge, a maioria das crianças deixa de desenhar para o resto da vida e os desenhos de um adulto, que não desenha regularmente, não são muito diferentes dos desenhos das crianças de 8-9 anos, idade em que o gosto pelo desenho esmoreceu. Esses dados demonstram que, na idade a que fazemos referência, as crianças deixam de interessar-se pelo desenho e, em geral, o abandonam completamente. Barnes, após analisar mais de 15 000 desenhos infantis, concluiu que essa idade de transição se situa entre os treze e os catorze anos.

"Pode-se afirmar", dizia ele, "que as meninas aos treze e os rapazes aos catorze anos tornam-se menos dotados na sua expressão criativa e que acima dos treze anos muitos renunciam totalmente à atividade de desenhar. Outras investigações sobre esse tema mostram que aos treze anos, isto é, na puberdade, as crianças passam por uma transformação dos seus ideais." Esse esfriamento do gosto pelo desenho pelo qual passam as crianças, na sua essência, oculta a transição da capacidade para o desenho a um estágio novo e superior do seu desenvolvimento, apenas acessível às crianças que são estimuladas adequadamente, como, por exemplo, a aprendizagem do desenho na escola, ou o acesso a modelos artísticos em casa, ou se possuírem um talento especial para essa modalidade artística. Para compreender esse ponto de virada em relação ao desenho infantil que ocorre nesse período, convém salientar, em traços muito gerais, as características principais do desenvolvimento do desenho infantil. Georg Kerschensteiner desenvolveu estudos sistemáticos sobre o desenho infantil e divide todo o trajeto de seu desenvolvimento em quatro etapas.

Se ignorarmos o período da garatuja, dos traços aleatórios no papel e a expressão de elementos isolados, e começarmos diretamente pelo estágio em que a criança começa a desenhar – na verdadeira acepção da palavra –, situaremos a criança na primeira etapa, ou seja, no estágio do esquema, em que ela representa de modo esquemático o objeto, muito distante de seu aspecto verdadeiro e real. Ao desenhar um homem, a criança se limitará a representar a cabeça, as pernas, por vezes os braços e o tronco, e, assim, terminará a representação de uma figura humana. A essas representações da figura humana chamamos cabeças de duas pernas, quer dizer, seres esquemáticos que a criança desenha em vez de figuras humanas. Corrado Ricci, ao investigar desenhos infantis, perguntou em certa ocasião a uma criança que desenhou a tal "cabeça com duas pernas":

"– O teu desenho só tem cabeça e pernas?
– Claro – respondeu a criança –, é o suficiente para ver, andar e passear."

A característica essencial desse estágio é que as crianças desenham de memória, sem copiar de um modelo. Uma vez um psicólogo pediu a uma criança que desenhasse sua mãe, que estava sentada ali mesmo à sua frente, e constatou que a criança desenhava a mãe sem olhar para ela uma única vez. No entanto, não apenas a observação direta, mas a análise do desenho, revelou que a criança desenha de memória. Ela desenha o que sabe sobre as coisas, as suas características mais importantes, e não o que vê ou, em consequência, a imagem que forma sobre as coisas. Quando uma criança desenha um cavaleiro montado num cavalo de perfil, desenha de modo claro as duas pernas do cavaleiro, embora para o observador, a partir daquele ponto, seja visível apenas uma perna.

"Se ela quer desenhar um homem vestido", diz Bühler, "então ela procede como se estivesse vestindo uma boneca: em primeiro lugar, desenha-o nu, depois veste-o, de modo que todo o corpo é transparente e, no bolso, pode-se ver um porta-moedas e, dentro deste, as moedas."

O resultado do desenho é algo que designamos por desenhos em "raio-X". Nos desenhos 6 e 7 [ver apêndice] essa característica é bem visível. Quando a criança desenha uma pessoa vestida, desenha as pernas, que não vê, debaixo da roupa. Uma outra demonstração clara do fato de nessa idade a criança desenhar de memória é a arbitrariedade e a liberdade do desenho infantil. As partes maiores do corpo humano, como, por exemplo, o tronco, estão com frequência ausentes do desenho da criança, e as pernas saem diretamente da cabeça e, por vezes, também os braços; os membros do corpo são, em geral, unidos de um modo completamente diferente do que a criança observa quando olha para o corpo de alguém que está perto de si. Os desenhos que se encontram no apêndice deste livro mostram representações humanas esquemáticas, onde se vê de modo claro essa estrutura. James Sully, referindo-se justamente a esse estágio, diz:

"Reconhecer que a criança de 3-4 anos de idade não é capaz de realizar uma representação da face humana melhor do que ela representa em seu desenho parece absurdo. Não há dúvidas sobre isso; de fato, o desenho da figura humana sem cabelo, orelhas, tronco e mãos está muito aquém do que a criança sabe e conhece. Como é que isso se explica? Explico-o pelo fato de que o pequeno artista é mais simbolista do que naturalista, não está minimamente preocupado com a semelhança precisa, deseja apenas representar os indícios superficiais." Entende-se que que essa pobreza nos detalhes provém da ausência de uma finalidade artística e também das limitações técnicas. Uma cabeça redonda com duas linhas de suporte corresponde ao que a criança pode desenhar com facilidade e sem esforço. Bühler diz, com toda razão, que o esquema da criança é muito concreto porque os esquemas, tal como os conceitos, contêm apenas as características permanentes e fundamentais dos objetos. Quando a criança desenha, desenha o que sabe sobre o objeto e não o que vê. Por isso ela frequentemente desenha coisas que não vê e, por outro lado, deixa de fora muito do que indubitavelmente vê porque, para ela, não é o elemento essencial para o objeto considerado. Os psicólogos concluíram unanimemente que nesse estágio o desenho da criança é como uma narração gráfica, ou, melhor dizendo, é o relato gráfico sobre o objeto que ela está representando.

Diz Bühler: – "Quando se pede a uma criança de sete anos de idade para descrever um cavalo, o que ocorre é a mesma enumeração dos detalhes do corpo, tal como no ato de desenhar: o cavalo tem uma cabeça e uma cauda, duas pernas na frente e duas atrás, etc. Por isso o desenho de memória é entendido como uma narrativa gráfica."

De fato, podemos entender essas coisas da seguinte maneira: quando a criança está desenhando, pensa no objeto de sua imaginação como se estivesse descrevendo-o. Na sua descrição verbal ela não está limitada estritamente à continuidade temporal ou espacial do seu objeto e pode assim, dentro dos limites de referência do objeto, considerar algumas partes isoladas ou, então, omiti-las: por exemplo, um anão tem uma cabeça muito grande e duas pernas muito curtas, dedos brancos como a neve, e um nariz vermelho. Se a mão do pequeno artista for conduzida ingenuamente, ou, com mais precisão, orientada acriticamente por essa descrição simples composta por contrastes, então as pernas curtas podem crescer a partir da enorme cabeça e quase no mesmo local podem ser colocados os bracinhos, e o nariz pode ocupar o centro da cabeça redonda. Isso é o que, de fato, pode-se observar em muitos desenhos infantis.

O estágio seguinte é designado estágio da forma e da linha. A criança, gradualmente, desenvolve a necessidade de não apenas nomear características concretas do objeto descrito, mas também refletir as relações de forma entre as partes dos objetos. Nesse segundo estágio de desenvolvimento do desenho infantil observa-se uma mistura da representação formal e representação esquemática; os desenhos são ainda esquemáticos, mas neles detectam-se já os primórdios da representação verdadeira e reprodutiva da realidade. Esse estágio não pode, com certeza, ser diferenciado abruptamente do estágio anterior, porém se caracteriza por um maior número de detalhes, numa busca atenta e mais realista da representação e inserção, no desenho, das diferentes partes do objeto: as ausências gritantes, como, por exemplo, a omissão do tronco, deixam de existir; o desenho na sua globalidade aproxima-se da imagem real do próprio objeto.

O terceiro estágio, segundo Kerschensteiner, é o da representação realística, no qual o esquema desaparece totalmente dos desenhos das crianças. O desenho tem agora a forma de uma silhueta ou contorno. A criança não dá ainda a ideia da perspectiva, a plasticidade do objeto, o objeto é desenhado no plano, mas, em geral, a criança o representa de modo semelhante à sua imagem real.

"São poucas as crianças", diz Kerschensteiner, "que vão além do terceiro estágio pelas suas próprias forças sem o auxílio do professor. Antes dos dez anos de idade podemos encontrar excepcionalmente essas crianças, mas a partir dos onze anos de idade começa a surgir uma porcentagem determinada de crianças capazes de representar os objetos na sua totalidade."

No quarto estágio, da representação plástica, algumas partes dos objetos são representadas de modo expressivo com a utilização da luz e da sombra; surge a perspectiva, sugerem-se os movimentos e mais ou menos a impressão plástica e tridimensional do objeto.

De modo que distinga melhor as nuances desses quatro estágios na evolução sucessiva dos desenhos infantis, citaremos alguns exemplos. Consideremos quatro imagens sequenciais de representações de vagões de trem. O primeiro desenho [Apêndice, Figura 8] é um esquema puro: alguns círculos irregulares, que representam as janelas, e duas linhas alongadas, que representam o próprio vagão. É tudo o que a criança desenhou para dar a ideia de um vagão de trem. O próximo desenho [Apêndice, Figura 9] igualmente está representado como um esquema, mas nele as janelas estão mais bem distribuídas ao longo dos lados do vagão, transmitindo uma ideia mais verdadeira da relação formal entre as partes. O terceiro desenho [Apêndice, Figura 10] é uma representação esquemática do vagão, mas com uma representação pormenorizada das diferentes partes e dos detalhes: veem-se pessoas, assentos, rodas, mas tudo ainda de forma esquemática. Por último, o quarto desenho, feito por um rapaz de treze anos, em que vemos uma representação tridimensional e plástica do vagão de trem, em perspectiva, o que dá uma aparência real do objeto [Apêndice, Figura 11].

As características dos quatro estágios de desenvolvimento dos desenhos infantis são mais nítidas nas representações da figura humana ou de um animal, que são os dois temas favoritos dos desenhos infantis [Apêndice, Figuras 2-7]. Nos primeiros desenhos vemos puras representações esquemáticas da figura humana, limitadas por vezes à representação de duas ou três partes do corpo. Paulatinamente, esses esquemas vão sendo enriquecidos com alguns detalhes e surge então o desenho em "raio-X", repleto de toda uma série de pormenores.

No segundo estágio encontramos novamente um tipo de representação esquemática em "raio-X", como pode ser visto de modo claro no desenho de um rapaz de dez anos de idade, que desenhou o pai vestido com um uniforme de condutor de trem [Apêndice, Figura 7]. O tronco e as pernas podem ser vistos através da roupa, o boné tem um número, e o casaco tem duas filas de botões. Mas, apesar da riqueza dos detalhes, o desenho continua no primeiro estágio do esquema puro. No segundo estágio, de representação mista do esquema e da representação formal, vemos uma tentativa para representar de modo mais realístico a imagem do objeto. Estamos perante a combinação do esquema com a aparência e a forma real do objeto. Nesse caso vemos um desenho feito por uma criança de dez anos. O desenho representa o pai e a mãe da criança. Nessas figuras é muito fácil discernir os traços da representação esquemática, mas as figuras são já dominadas pela representação formal do objeto. Por fim, os desenhos do terceiro estágio dão-nos os contornos planos da imagem, refletindo de modo real e verdadeiro aspectos do próprio objeto. Apesar de conter alguns erros, como a violação da proporcionalidade e das medidas, o desenho das crianças torna-se realista; a criança desenha o que vê, transmite a ideia de postura e de movimento e considera o ponto de vista do observador; o esquema está agora completamente ausente no seu desenho.

Finalmente, no quarto estágio, a representação plástica (tridimensional) leva em conta a forma do objeto representado. Um exemplo disso é o desenho do rapaz dormindo [Apêndice, Figura 18]. O desenho foi feito por um rapaz de treze anos de idade.

Os mesmos quatro estágios podem ser observados na representação gráfica dos animais, o que demonstra claramente que a diferença na representação não resulta do conteúdo e natureza do tema do desenho, mas está ligada à evolução experimentada pela própria criança.

A primeira figura [Apêndice, Figura 19] representa um cavalo com uma cabeça humana. Nesse primeiro estágio as crianças desenham todos os animais do mesmo modo. Os esquemas de representação dos gatos, cães e frequentemente das galinhas não se distinguem entre si. De modo constante e esquemático, a criança desenha invariavelmente a cabeça, o tronco e as pernas. Nesse exemplo, a cabeça tem claramente um aspecto humano, apesar de pertencer a um cavalo. No segundo estágio a criança continua desenhando o esquema de um cavalo, mas agrega alguns traços que correspondem ao aspecto e à forma reais do cavalo, por exemplo, no tratamento da forma típica da cabeça e do pescoço. Esse desenho de cavalo distingue-se do desenho do gato e de outros animais, especialmente do desenho de pássaros.

No terceiro estágio, a criança desenha os contornos bidimensionais, mas já com uma representação realista do cavalo, e só no quarto estágio, como se pode ver no [Apêndice, Figura 20], a criança representa a imagem do cavalo em perspectiva. Só então ela desenha o cavalo como o vê. À primeira vista é paradoxal a conclusão que se pode tirar daqui quando consideramos esses quatro estágios. Esperar-se-ia que o desenho de observação fosse mais fácil do que o desenho de memória. No entanto, as experiências e a análise dos dados disponíveis mostram que o desenho de observação, a representação real do objeto, é apenas um estágio superior e mais aperfeiçoado do desenvolvimento do desenho infantil; é um estágio que apenas algumas crianças alcançam.

Como se pode explicar tudo isso?

Recentemente, o Professor Bakushinsky[3], pesquisador do desenho das crianças, ensaiou uma explicação para esse fenômeno dizendo que, no primeiro período do desenvolvimento, a criança se direciona para o mundo que a rodeia. Essas percepções são principalmente visuais, subordinadas às percepções dinâmicas e táteis de orientação da criança no mundo.

"Todas as ações da criança", diz esse autor, "bem como os produtos da sua criação podem ser compreendidos e explicados, no fundamental e nas suas particularidades, como uma correlação entre as possibilidades motoras-táteis e as visuais que as crianças possuem para conhecer o mundo que as cerca. A criança é um ser de movimentos reais e espontâneos; ela realiza ações reais e está interessada, acima de tudo, no processo de agir e não no resultado

---

[3] Anatoli Vassilevitch Bakushinsky, professor da Universidade de Moscou, organizador da Academia das Artes, conservador da Galeria Tretyakov. Impulsionou estudos em pedagogia nos museus de arte nos anos 20. Pela primeira vez, na Rússia, estudou o problema da relação entre a pedagogia das artes e as capacidades criativas da criança, propondo uma teoria do desenvolvimento das capacidades artísticas em três etapas fundamentais. (N. do T.)

da ação. Prefere fazer coisas a imaginá-las, esforçando-se para aproveitar as coisas ao máximo, especialmente através dos jogos, mas é indiferente, ou quase indiferente, no que diz respeito à sua contemplação, sobretudo por um longo período de tempo. As ações da criança se distinguem por apresentarem um aspecto emocional muito intenso. As ações físicas predominam sobre os processos analíticos da consciência. Os produtos de sua criação caracterizam-se por serem extremamente esquemáticos e, em geral, representam aspectos simbólicos genéricos das coisas. Não reproduzem as suas transformações nem as suas ações. Expressam-nas por palavras ou mostram-nas nos jogos."

A principal direção da evolução da criança consiste em um incremento crescente do papel da visão no domínio do mundo. A partir da sua posição inicial de subordinação, gradualmente ela vai se tornando dominante, e os sistemas comportamentais motrizes e táteis subordinam-se ao sistema visual. Durante o período de transição, constata-se uma luta entre dois princípios antagônicos do comportamento da criança, que termina com a vitória do princípio puramente visual da percepção do mundo.

"O novo período está relacionado com o enfraquecimento da atividade física exterior", diz Bakushinsky, "e com a intensificação da atividade mental. Inicia-se um período analítico e racional no desenvolvimento infantil, etapa que dura até os últimos anos da infância e, às vezes, até a adolescência. Na percepção do mundo e na representação criativa dessa percepção os órgãos visuais desempenham agora papel decisivo. O adolescente converte-se cada vez mais em um espectador que contempla o mundo de seu ponto de vista, enfocando-o mentalmente como um fenômeno complexo, entendendo nessa complexidade não tanto a variedade qualitativa e quantitativa das coisas, tal como ocorreu no período precedente, mas como se dão as relações entre as coisas e as suas modificações."

A criança volta a interessar-se pelo processo, mas não pelo de sua própria ação, mas por aquele que ocorre no mundo exterior. A criação imaginativa do adolescente, nesse período, tende para uma forma ilusória e naturalista da representação. Ele quer fazer as coisas tal como estas são na realidade; o aparelho visual permite-lhe dominar os métodos da representação do espaço através do uso da perspectiva.

Vemos, assim, que a passagem para a nova forma de desenhar está relacionada, nesse período, com as alterações profundas que ocorrem no comportamento do adolescente. É interessante analisar os dados de Kerschensteiner em relação à frequência em que ocorrem os quatro estágios. Vimos que o quarto estágio de Kerschensteiner apenas se inicia quando a criança tem onze anos de idade, ou seja, exatamente quando, segundo a maioria dos autores, ocorre nas crianças a perda de interesse pela arte de desenhar. É evidente, como citamos anteriormente, que estamos falando de crianças particularmente talentosas, ou cujo ensino escolar ou situação particular em casa são favoráveis ao desenvolvimento do desenho.

O desenho não é mais uma atividade intensa, espontânea, voluntária, quer dizer, uma ação espontânea da criatividade infantil, mas da criatividade associada à habilidade, de hábitos artísticos determinados, da disponibilidade de materiais, etc. A partir dos dados proporcionados pelo autor pode-se fazer uma ideia da distribuição relativa dos quatro estágios em relação às idades: vemos que todas as crianças de seis anos de idade se encontram no primeiro estágio, puramente esquemático. A partir dos onze anos a presença dos esquemas torna-se mais rara, os desenhos se aperfeiçoam e, a partir dos treze, surge o desenho real, no sentido mais pleno do termo.

F. Levinstein [cit. por Volkelt, 1930][4], outro investigador que estudou o desenho infantil, obteve dados muito interessantes

---

[4] Hans Volkelt, *Die Prinzipien der Raumdarstellung der Kindes*, 1930. (N. do T)

que mostram como a criança, em diferentes idades, representa esquematicamente a figura humana.

Vemos assim que o tronco está presente em cerca de 50% dos desenhos de crianças de quatro anos de idade e 100% nas crianças de treze anos; as pálpebras e as sobrancelhas estão em 92% dos desenhos das crianças de treze anos e, nove vezes menos, encontram-se nos desenhos das crianças de quatro anos. A conclusão geral a que podemos chegar, olhando para esses dados, é a seguinte: as pernas, a cabeça e os braços aparecem nos estágios mais precoces do desenho infantil, e as outras partes do corpo, os detalhes e a roupa vão aparecendo na medida em que aumenta a idade das crianças.

A partir do que foi dito até agora, surge uma pergunta: como devemos enfocar a criação artística no período de transição (adolescência)? Será porventura uma rara exceção, convém estimulá-la, valorizá-la, cultivá-la nos adolescentes, ou deveremos pensar que essa forma de criatividade morre naturalmente na fronteira desse período de transição?

Eis como uma adolescente avalia os resultados do seu trabalho no ateliê de educação artística orientado por Sakulina[5]:

"Agora as cores me dizem alguma coisa. A forma como se combinam causa em mim determinado estado de espírito. As cores e o desenho explicam o conteúdo da pintura, o seu sentido, e então a minha atenção concentra-se principalmente na composição dos objetos que cria determinada organização na pintura e, igualmente, na luz e na sombra, que dão muita vida à pintura. Eu estou muito interessada nesta luz e quando desenho a partir da natureza tento sempre transmiti-la o mais possível, porque com ela tudo se torna mais vivo; mas é muito difícil representar a luminosidade."

---

[5] O trabalho dessa autora e dos seus seguidores está incluído na coletânea de textos "A arte na escola profissional" [*Iskusstvo v trudovoi shkole*], Moscou, 1926.

No desenvolvimento da criatividade artística infantil, incluindo as artes visuais, deve observar-se o princípio da liberdade como condição essencial de toda a criação. Isso quer dizer que as atividades criativas das crianças não devem ser obrigatórias nem impostas, e devem surgir apenas a partir dos interesses da própria criança. Por isso, o desenho não pode ser uma ocupação intensiva e geral para as crianças na idade de transição. No entanto, para as crianças mais bem dotadas e mesmo para as que não planejam ser futuros artistas profissionais, o desenho pode ter um significado cultural de enorme importância. Quando, como foi dito no comentário acima citado, as cores e o desenho começam a dizer alguma coisa ao adolescente, este adquire uma nova linguagem que amplia os seus horizontes, aprofunda os seus sentimentos e lhe permite expressar nas imagens aquilo que de algum outro modo pode ter sido trazido à sua consciência.

Dois problemas importantes estão relacionados com o desenho na idade de transição (adolescência), nos quais finalmente nos deteremos. O primeiro reporta-se ao fato de que para o adolescente não basta o mero exercício da imaginação criativa, já não o satisfaz o desenho feito de qualquer modo. Para a concretização da sua imaginação criativa, o adolescente necessita agora adquirir hábitos e competências artísticas profissionais.

Ele deve aprender a dominar os materiais, os métodos específicos de expressão proporcionados pela pintura. Só pelo cultivo desse domínio do material poderemos proporcionar o desenvolvimento do desenho da criança nessa idade. Vemos, assim, o problema em toda a sua complexidade. Esse problema é constituído de duas partes: por um lado, é necessário cultivar a imaginação criativa; por outro, é necessário o desenvolvimento especial de conhecimentos para o processo de concretização das imagens criadas pela imaginação. Apenas quando ambos os aspectos são adequadamente desenvolvidos a criatividade da criança poderá desenvolver-se adequadamente e dar-lhe o que nós, de fato, dela esperamos. Outra questão relacionada com o desenho nessa idade deve-se ao fato de o desenho infantil estar muito associado ao trabalho produtivo ou à produção artística. Pospelova fala da sua experiência do ensino da gravura às crianças. Nesse processo de criação as crianças assimilavam uma série de processos técnicos envolvidos na preparação da gravura e na sua reprodução.

"O processo de impressão", diz a autora, "motivou o interesse das crianças não menos, senão ainda mais, do que o processo de entalhe e, depois das primeiras impressões realizadas, o número de participantes nesse ateliê cresceu consideravelmente."

A gravura para a criança constituia-se, assim, em um objeto não apenas de criação artística, mas igualmente de criação técnica. Com frequência a gravura, devido às particularidades da sua técnica, foi usada para outros objetivos não artísticos. As crianças produziram títulos, anúncios, carimbos; usaram a técnica da gravura nos murais, prepararam ilustrações para as ciências naturais e ciências sociais, estabelecendo novas relações de seu trabalho com a atividade tipográfica. Pospelova chegou, então, à conclusão de que:

"O interesse manifestado pelos adolescentes pela atividade técnica torna evidente que o método mais adequado para captar a sua atenção para a técnica produtiva consiste em envolver nesse processo a criatividade artística pessoal." Essa síntese entre trabalho artístico e produtivo corresponde cabalmente à criatividade da criança nesse período. As duas gravuras a que se refere a autora, representando um moinho e um camponês, mostram até que ponto podem ser complexos os processos técnicos e criativos quando estes se fundem.

Toda a arte, cultivando métodos específicos de concretização das suas imagens, dispõe de uma tecnologia específica, e essa combinação da disciplina técnica com os exercícios criativos é, invariavelmente, o mais valioso dos métodos de que o pedagogo dispõe nessa idade. Labunskaia e Pestel descreveram assim a experiência de trabalho no âmbito da produção artística:

"Que significado pode ter a produção artística para as crianças em idade de transição", perguntam os autores, "e no sentido artístico e pedagógico para os adolescentes de treze, catorze e quinze anos de idade, quando mesmo os mais capazes parecem contagiar-se pela ideia: 'Não conseguimos fazer isto como deve ser e, como não sabemos, não vale a pena fazer.'?

Somente mantendo a motivação dos adolescentes pelo enfoque prático da arte e pelo conhecimento dos materiais pode dar--se um novo impulso em sua formação, em sua educação artística, atraindo-os para a produção artística. O lápis, o barro e as tintas, quando usados exclusivamente como projetos artísticos, tornam--se aborrecidos. Novos materiais e novos projetos utilitários são necessários para dar um novo ímpeto à sua criatividade. Se quando eles eram mais jovens a superação das dificuldades técnicas inibia e freava os seus impulsos criativos, agora o contrário é verdadeiro: determinadas limitações, dificuldades técnicas, a necessidade de usar o seu poder inventivo dentro de certos limites, tornam mais importante a sua atividade criativa – de onde provêm o valor e a importância do aspecto profissional da produção."

A importância das técnicas, que devem ser supridas para que a criação seja possível nesse período, é evidente quando percebemos ser esse o fator que possibilita à criança desenvolver de modo acessível o trabalho criativo. Os autores afirmam, com toda a razão, que esse tipo de trabalho criativo ensina a criança a usar a sua criatividade artística em uma vida social proletária (na decoração do clube, na preparação das bandeiras, dos cartazes, em cenários teatrais, nos murais, etc.). Em sua experiência os autores utilizaram o bordado, a escultura em madeira, a pintura de quadros, os brinquedos, a costura e a carpintaria, e todas essas experiências tiveram um resultado positivo: junto com o desenvolvimento das capacidades criativas das crianças ocorreu também o desenvolvimento das capacidades técnicas. O próprio trabalho adquiriu sentido e foi prazeroso. A criação artística, ao deixar de ser uma diversão, um jogo, que já não interessa mais ao adolescente, passa a satisfazer à atitude séria e crítica da criança por suas ocupações, pois baseia-se na técnica que a criança assimila paulatina e dedicadamente. A partir desse exemplo e das experiências de representações teatrais infantis percebe-se que é fácil encontrar uma perspectiva no âmbito da criação puramente técnica das crianças.

Seria completamente incorreto pensar que todas as potencialidades criativas das crianças se limitam exclusivamente à criatividade artística. Infelizmente, a educação tradicional, ao manter as crianças alheias ao trabalho, fez com que elas manifestassem e desenvolvessem suas capacidades criativas preferencialmente na esfera artística. E esse é o motivo pelo qual a criação artística infantil foi muito bem estudada e é mais bem conhecida. No entanto, também na área das técnicas encontramos um desenvolvimento intensivo da criatividade da criança, particularmente nessa idade que mais nos interessa. A elaboração de modelos de aviões e de máquinas, a criação de novas construções, de desenhos, e as atividades dos ateliês de jovens naturalistas – todas essas formas da criatividade técnica infantil assumem um enorme significado porque orientam o interesse e a atenção das crianças para uma nova área, na qual se pode revelar a imaginação criativa do homem.

Como vimos, tanto a ciência como a arte permitem a utilização da imaginação criativa. A tecnologia é produto dessa mesma atividade, a "imaginação cristalizada", tal como a designou Ribot. As crianças que procuram assimilar os processos da criação científica e artística apoiam-se também na imaginação criativa e na criação artística. Atualmente, o desenvolvimento do rádio e a ampla propaganda da instrução técnica impulsionou o desenvolvimento de uma rede de sociedades de eletrônica, junto às quais existe uma série de associações profissionais da juventude operária nas fábricas: de aviadores, de químicos, de construtores, etc.

Essa tarefa de desenvolvimento da criatividade da criança é igualmente desempenhada pelas associações de jovens naturalistas, que procuram vincular a sua atividade criativa com projetos que visam o incremento econômico; as associações dos jovens técnicos, juntamente com as associações dos jovens naturalistas, que organizam e assistem as associações de pioneiros, deverão tornar-se escolas de criação técnica dos nossos adolescentes.

Não nos deteremos em detalhar essa ou outra forma de atividade criativa, como a música, a escultura, etc., porque não é nosso propósito enumerar de modo pleno e sistemático todos as tipos possíveis de criação infantil. Não nos propomos tampouco a descrever os métodos de trabalho que as crianças desenvolvem em cada uma das modalidades artísticas mencionadas. O que relatamos foi, sobretudo, o mecanismo que subjaz à criatividade infantil, os traços mais significativos e particulares dessa criatividade na idade escolar e, por meio dos exemplos das formas mais bem estudadas de criatividade nesse período, mostramos o funcionamento desse mecanismo e a presença daquelas peculiaridades.

Concluindo, convém salientar a importância especial de estimular a criação artística na idade escolar. Todo o futuro do Homem é conquistado através da imaginação criativa. A orientação para o futuro, um comportamento baseado no futuro e derivado desse futuro, é a mais importante função da imaginação e, por isso, o objetivo educacional mais significativo do trabalho pedagógico é a orientação do comportamento da criança na idade escolar com a intenção de prepará-la para o amanhã, na medida em que o desenvolvimento e o exercício da criatividade constituem-se como a principal força no processo de concretização desse objetivo.

A formação de uma personalidade criativa, projetada para o futuro, prepara-se através da imaginação criativa materializada no presente.

Apêndice

Apêndice | 115

Figura 1. Carro (garatuja "scribbling").

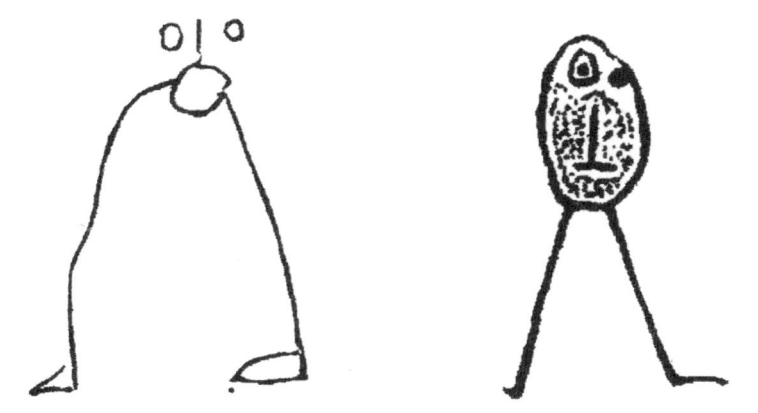

Figuras 2 e 3. Duas cabeças com pernas.

Figura 4. Esquema simples. Desenho de memória feito por uma menina de sete anos de idade. Representação típica da figura humana sem tronco. A menina autora deste desenho não desenha em casa e não tem livros com ilustrações.

Figura 5. Desenho de memória feito por um menino de quatro anos do jardim de infância. O tronco aparece em forma ovalada.

Figura 6. Esquema simples. Desenho de memória feito por uma menina de sete anos de idade sem acesso a livros ilustrados. O tronco aparece em uma forma quadrada.

Apêndice | 117

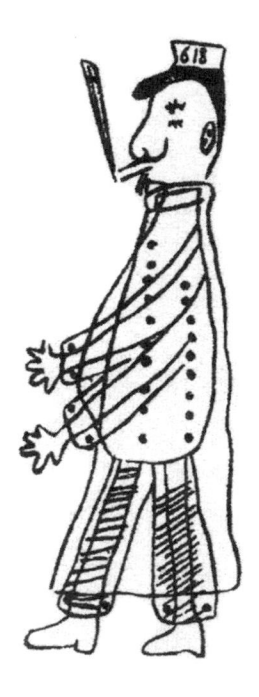

Figura 7. Esquema simples. Desenho feito em casa por um menino de dez anos de idade, representando seu pai, um condutor de trem. O tronco está representado por uma linha arredondada. A pessoa aparece vestida com uniforme, com calças e boné. Todos os botões são mostrados (e também aparecem incorretamente nas calças).

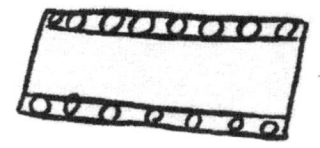

Figuras 8 e 9. Representação de memória de um vagão de trem. É um desenho muito primitivo desenhado por meninas que têm entre sete e dez anos de idade que não desenham em casa nem têm acesso a livros ilustrados.

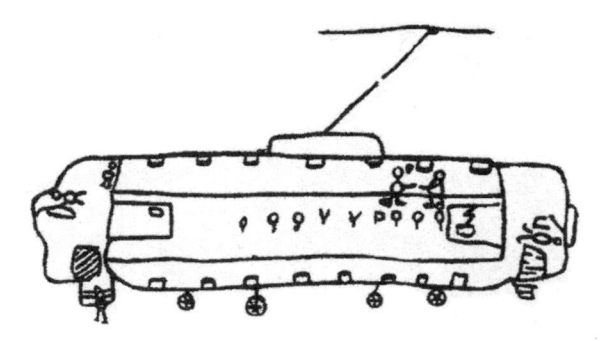

Figura 10. Esquema simples. Desenho de memória de um vagão de trem feito por uma menina de doze anos de idade. É interessante notar que o carro está desenhado numa secção.

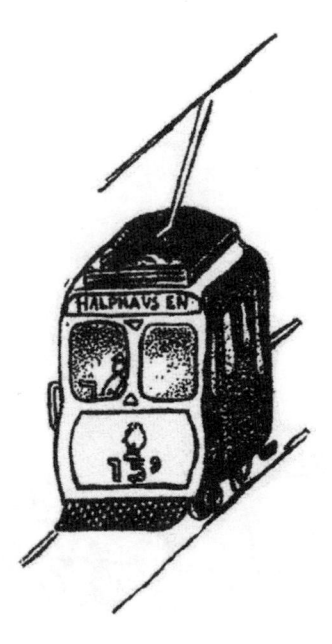

Figura 11. Desenho de memória de um vagão de trem utilizando uma visão em perspectiva feito por um menino de treze anos de idade que desenha em casa. O ângulo visual a partir do lado é digno de nota.

Apêndice | 119

Figura 12. Pioneiro fazendo uma saudação.

Figura 13. Soldado.

Figura 14. A mãe com seu bebê.

Figura 15. Estágio 3. Desenho não esquemático feito por um menino de dez anos de idade que desenha em casa e tem acesso a livros ilustrados. Apesar de alguns erros (os braços excessivamente longos, etc.), o desenho aproxima-se do estágio 4 (convexidade das mangas e borda do casaco).

Figura 16. Estágio 3. Desenho não esquemático feito por um menino de seis anos de idade. Há elementos do estágio 4 (realce das pregas nas mangas e na saia).

Figura 17. Estágio 4. Desenho com elementos de representação fiel do objeto, feito por um menino de doze anos de idade, filho de um jornaleiro.

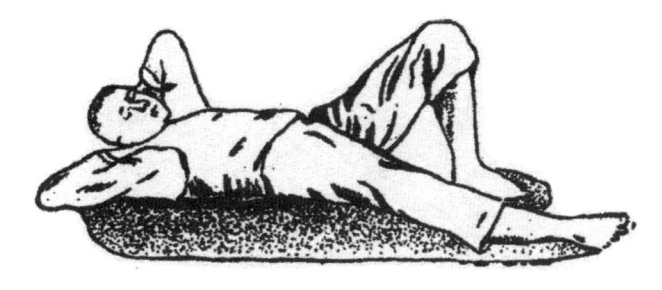

Figura 18. Estágio 4. Representação tridimensional de uma pessoa real, feita por um menino de treze anos de idade, filho de um sapateiro e de uma jornaleira. O desenho representa um jovem dormindo, e a representação das pernas e especialmente dos músculos do braço direito é extremamente cuidadosa.

Figura 19. Estágio 1. Esquema simples feito por uma menina de seis anos de idade que desenha em sua casa e tem livros ilustrados. Destaca-se a representação frontal do cavalo e que a cabeça pertence ao cavalo e não ao cavaleiro.

Figura 20. Estágio 4. Tentativa de representação tridimensional, feita por um menino de oito anos de idade, filho de um pintor-artista. Gosta muito de desenhar em casa e é estimulado pelo pai.

Bibliografia[1]

BLONSKY, P. P. (1964). *Izbrannye psikhologicheskie proizvedeniia* [*Obras escolhidas: psicologia*]. Moskva: Prosveshchenie.
CHICHERIN, A. V. (1926). *Chto takoe khudozhestvennoe vospitanie* [*O que é a educação artística*]. Moskva: Rabotnikprosveshcheniia.
COMPAYRE, G. (1895). *Osnovattiia elementarnoi psikhologii* [*Fundamentos da psicologia*]. Tradução do Francês. St. Petersburg.
GAUPP, R. (1926). *Psikhologiia rebenka* [*Psicologia da criança*]. Tradução do Alemão. 2ª edição. Leningrad: Gosizdat.
GORNFELD, A. G. (1927). *Muki slova* [*As agonias do mundo*]. Moskva-Leningrad: Gosizdat.
GRINBERG, A. F. (1925). *Rasskazy bezprizornykh o sebe* [*As crianças de rua e as suas histórias*] ou [*As histórias das crianças de rua*] Moskva: Novaia Moskva.
GROOS, K. (1916). *Dushevnaia zhizn' rebenka. Izbrannye lektsii* [*A vida espiritual da criança. Conferências escolhidas*]. Tradução do Alemão. Kiev: Kievsk. Frebelevsk Society.
Iskusstvo v trudovoi shkole. Sbornik statei [*A arte na escola vocacional. Uma coleção de artigos*]. Moskva: Novaia Moskva, 1926.
KERSCHENSTEINER, G. (1914). *Razvitie khudozhestvennogo worchestva rebenka* [*O desenvolvimento da criatividade artística na criança*]. Tradução do Alemão. Moskva: I. D. Sytin.
LEVINSTEIN, Siegfried (1905). *Kinderzeichnungen bis zum 14. Lebesjahr mit Parallelen aus der Urgeschichte, Kulturgeschichte und Völkerkunde*. Leipzig: R. Voigtländer.
LUKENS, H. (1896). "A study of Children's Drawings in Early Years". *Pedagogical Seminary*, 4 (1), pp. 79-110.

---

[1] Organizada por Pentti Hakkarainen e João Pedro Fróis.

Ribot, T. (1901). *Tvorcheskoe voobrazhenie* [*Imaginação criativa*]. Tradução do Francês. St. Petersburg: Iu.N. Erlikh.

Ricci, C. (1911). *Deti-khudozhiniki* [*As crianças artistas*]. Tradução do Italiano. Moskva: Sablin, 1911.

Soloviev, I. M. (1927). *Literaturnoe tvorchestvo i iazyk detei shkol'nogo vozrasta* [*A criação literária e a linguagem na idade escolar*]. Moskva-Leningrad: Moscow Publishing House Limited Stock Company.

Sully, J. (1912). *Pedagogischeskaya Psikhologia* [*Psicologia pedagógica*]. Moscow: Mir.

Tolstoi, L. (1964). "Komu u kogo uchit'sia pisat', krest' ianskim pebiatam u nas ili nam u krest'ianskikh rebiat?" [*Quem deve aprender a escrever com quem, as crianças camponesas conosco ou nós com as crianças camponesas?*]. In L. N. Tolstoi, *Sobranie sochinenü*, vol. 15 [L. N. Tolstoi. Obras Reunidas, Vol. 15]. Moscow.

Vakhterov, V. (1911). *Osnovy novoi pedagogiki* [*Os fundamentos da nova pedagogia*]. Moskva: I. D. Sytin.

Obras adicionais

Bakushinsky, A. (1925). *Khudozhestvennoe tvorchestvo i vospitanie*. [*Criatividade artística e educação*]. Moscow.

Barnes, E. (1893). A study of Children's Drawings, *Pedagogical Seminar*, 2 (3), 455-463.

Binet, A. (1910). *Sovremennye idei o det'iakh* [*Les idées modernes sur les enfants*]. Moscovo.

Buhler, K. (1923). *Abriss der geistigen Entwicklung des Kindes* [*Esboço do desenvolvimento mental da criança*]. Leipzig.

Busemann, A. (1927). *Padagogische Milienkunde*. Halle.

Giese, F. (1922). *Kinderpsychologie*. In *Handbuch der Vergleichende Psychologie*, Vol. 1, 3ª parte. Jena.

Janet, P. (1930). *L'Evolution psychologique de la personnalité*. Paris.

Petrova, A. E. (1925). *Deti-primitivy* [*Crianças-primitivo*]. In *Voprosy pedologii i detskoi psikhonevrologii* [*Problemas de pedologia e psiconeurologia infantil*], ed. M. O. Gurevic. Moskva.

Révész, G. (1929). *Die formenwelt des Tastsinnes*. Haag, Martinus Nijhoff.

Stern C., W. Stern (1927). *Die Kindersprache. Eine psychologische und sprachteoretische Untersuchung*. Leipzig.

Sully, J. (1904). *Ocherki po psikhologii detstva* [*Studies of childhood*]. Moscovo.

Volkelt, H. (1930). *Eksperimental'naia psikhologiia doshkol'nika* [*Psicologia Experimental do pré-escolar*]. Moscovo.

Versões em outras línguas

Vygotsky, L. S. (1972). *Kodomo no sozoryoku*. Tokyo: Shin Dokusoha.

VYGOTSKY, L. S. (1973). *Immaginazione e Creatività nell'età infantile*. Rome: Editori Riuniti.

VYGOTSKY, L. S. (1982). *Imaginación y Creación en la edad infantil*. Madrid: Akal.

VYGOTSKY, L. S. (1987). *Imaginación y Creación en la edad infantil*. Havana: Editorial Pueblo y Educacíon.

VYGOTSKIJ, L. S. (1995). *Fantasi Och Kreativitet I Barndomen*. Göteborg: Daidalos.

VYGOTSKY, L. S (2004). "Imagination and Creativity in Childhood". In *Journal of Russian and East European Psychology*, 42 (1), January-February, 2004, pp. 7-97 [tradução de M. E. Sharpe Inc., a partir do texto original *Voobrazhenie I tvorchestvo v detskon vozraste*. Moskva: Proveshchenie, 1967. Introdução do Professor Pentti Hakkarainen]

Índice onomástico[1]

Bakushinsky, Anatoli (1883-1939) – acadêmico e museólogo russo – VIII, 103

Barnes, Earl (1861-1935) – psicólogo americano – 95, 124

Binet, Alfred (1857-1911) – psicólogo francês – 83, 84

Blonsky, Pavel (1884-1941) – psicólogo e pedagogo russo – VIII, 53, 55, 56

Bühler, Karl (1879-1963) – psicólogo alemão – 28, 97, 98

Busemann, Adolf (1887-?) – psicólogo alemão – 74, 75

Chicherin, A.V. (1900-?) – filólogo russo – 92, 122

Compayre, Jules G. (1843-1913) – pedagogo francês – 42, 123

Darwin, Charles R. (1809-1882) – naturalista inglês – 5, 12

Dostoiévski, Fiodor M. (1821-1881) – escritor russo – XIII, 45

Gaupp, Reinhard (18-?-19-?) – psicólogo alemão – 52, 73

Giese, Fritz (1890-1935) – psicólogo alemão – 67, 68, 70

Gornfeld, Arkady (1867-1941) – crítico literário, literato e tradutor – 46, 123

Groos, Karl (1861-1946) – psicólogo alemão – 27, 42

Janet, Pierre (1859-1947) – neurologista e psicólogo francês – 124

Kerschensteiner, Georg (1854-1932) – psicólogo e pedagogo alemão – VIII, 96

Liérmontov, Mikhail (1814-1841) – poeta e escritor russo – 45

Levinstein, Siegfried (1876-?) – psicólogo e pedagogo alemão – 105

Lukens, Herman (1865-?) – psicólogo alemão – 95, 123

Lunatcharsky, Anatoli (1875-1933) – político e homem de cultura russo – 48

Malebranche, Nicolas (1638-1715) – teólogo e filósofo francês – 42

Petrova, A. N. (18-?-19-?) – pedagoga russa – 87, 89, 91

Pistrak, Moiseii Mikhaïlovich (1888-1937) – pedagogo e educador russo – 67

[1] Índice organizado para a edição em português.

Pushkin, Aleksandr (1799-1837) – poeta russo – 10, 14, 21, 22, 23, 62
Révész, Géza (1878-1955) – psicólogo húngaro (holandês) – 79, 124
Ribot, Theodule (1839-1916) – psicólogo francês – 17, 18, 20, 28, 29, 30, 32, 33, 37, 39, 47, 49, 83, 111
Ricci, Corrado (1858-1934) – historiador de arte italiano – 96, 124
Soloviev, I. M. (18-?-19-?) – professor de educação especial (surdos) colaborador de L. S. Vigotski – 52, 77, 84
Stern, William (1871-1938) – filósofo e psicólogo – 71, 124

Sully, James (1842-1923) – psicólogo inglês – 98, 124
Tolstói, Lev (1828-1910) – escritor russo – 60-4, 82-3
Vakhterov, Vassili (1853-1924) – pedagogo russo – 71, 72
Volkelt, Hans (1886-1964) – psicólogo alemão – 105, 124
Waismann, Friedrich (1896-1959) – matemático e filósofo austríaco – 32
Wundt, Wilheim (1832-1920) – psicólogo e fisiologista alemão – VIII, 24